EXPLORATEURS DES PÔLES

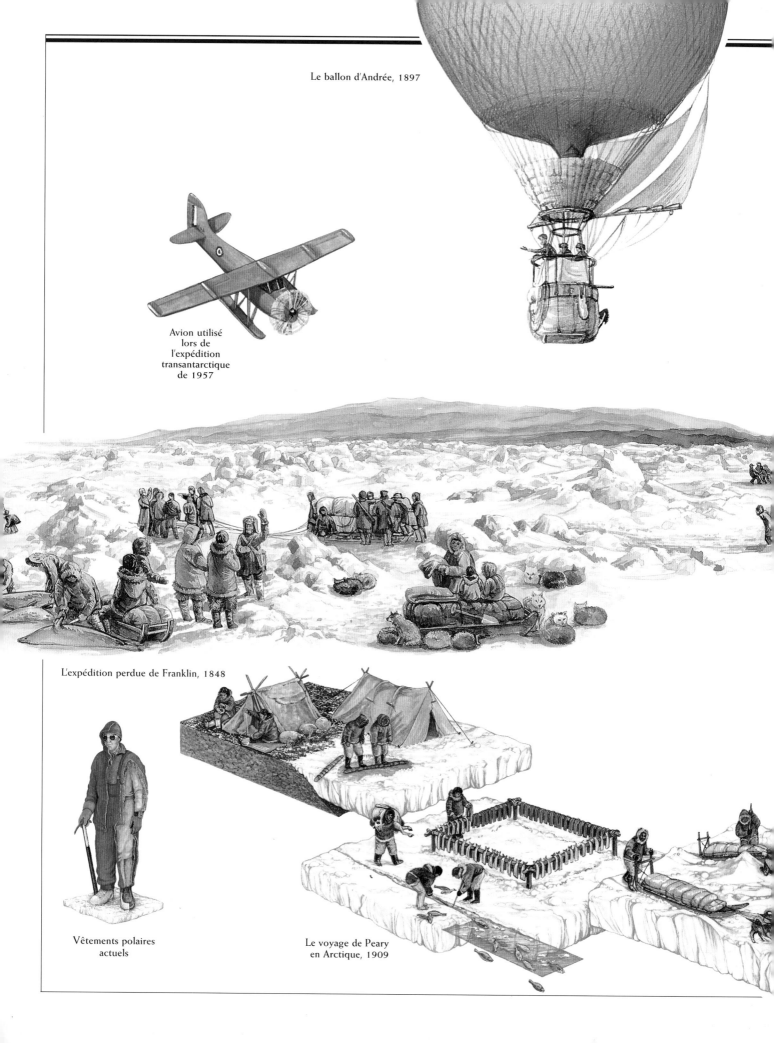

Le ballon d'Andrée, 1897

Avion utilisé
lors de
l'expédition
transantarctique
de 1957

L'expédition perdue de Franklin, 1848

Vêtements polaires
actuels

Le voyage de Peary
en Arctique, 1909

EXPLORATEURS DES PÔLES

Texte
MARTYN BRAMWELL
Illustrations
MARJE CROSBY-FAIRALL
et ANN WINTERBOTHAM
Traduction et adaptation
JEAN ESCH

GALLIMARD JEUNESSE

Pour l'édition originale :

Chef de projet :
Emma Johnson, Scarlett O'Hara
Maquettiste :
James Marks, Vicky Wharton
et Mark Haygarth
Éditrice en chef :
Linda Martin
Directrice artistique :
Julia Harris
PAO : Almudena Díaz
Iconographe :
Catherine Edkins
Fabrication :
Lisa Moss
Conseiller scientifique :
Bernard Stonehouse

Titre original : *Polar exploration*

Pour l'édition française :

Édition et PAO : Maryline Gatepaille
Préparation : Lorène Bücher
Vérification : Claire Passignat
Correction : Emmanuel de Saint-Martin
et Isabelle Haffen

ISBN :2-07-05-2498-1

Dépot légal : septembre 1999
NUMÉRO D'ÉDITION : 89780

Photogravure Colourscan, Singapour
Impression L.E.G.O., Italie

Sommaire

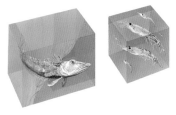

Premiers
Contacts

AUX DEUX EXTRÉMITÉS DE LA TERRE se trouvent l'Arctique et l'Antarctique. Dans ces mondes glacés s'aventurèrent des chasseurs de phoques et de baleines en quête de nouveaux territoires, des explorateurs à la recherche de nouvelles routes commerciales, des scientifiques et des marins partis à la découverte de régions inconnues.

Bateau appartenant à la flotte
partie à la recherche de
sir John Franklin, 20 août 1851

Les mâts et les gréements étaient parfois si chargés d'embruns gelés que le bateau, déséquilibré, risquait de chavirer.

« Vers 7 heures, le rebord de la glace prit le bateau par la passerelle sous-le-vent, ébranlant le navire d'un bout à l'autre. Cédant centimètre par centimètre devant une telle force de levier, le bateau finit par s'immobiliser en équilibre sur la quille, mais ce fut momentané car, l'instant suivant, il bascula sur le flanc… »

George McDougall, lieutenant du «Resolute», un des bateaux partis à la recherche de Franklin, 1852

Les blocs de glace enchevêtrés peuvent s'élever plus haut que le pont d'un bateau.

VOYAGES DANS L'OCÉAN ARCTIQUE

CE N'EST QU'AU XVIᴱ SIÈCLE QUE LES MARINS européens s'aventurèrent dans l'océan Arctique. Ils espéraient trouver un raccourci vers la Chine et les îles aux épices des Indes orientales. S'ils parvenaient à passer par le haut de l'Amérique du Nord (passage du Nord-Ouest) ou par l'Asie (passage du Nord-Est), ils pourraient réduire le voyage de plusieurs mois. Nombreux sont ceux qui tentèrent de trouver le passage du Nord-Ouest (p. 14-15), mais ce fut l'explorateur norvégien Roald Amundsen qui, le premier, trouva un chemin, en 1906. La première traversée complète du passage du Nord-Est fut effectuée par Adolf Erik Nordenskiöld, à bord de son bateau le *Vega* en 1878-1879.

À LA DÉRIVE

En 1610, Henry Hudson, à bord du *Discovery*, découvrit la baie qui porte désormais son nom. Faute d'avoir trouvé le passage du Nord-Ouest, il fut contraint de passer l'hiver sur place. Mais son équipage se mutina et le jeta à la mer sur un canot, avec son fils et quelques hommes d'équipage restés fidèles. Cela leur fut fatal.

UN COUPLE INUIT

En 1576, sir Martin Frobisher s'aventura très au nord, jusqu'à la terre de Baffin. Là, il rencontra les Inuit, peuple de l'Arctique aussi appelé esquimau. Dans un de ses récits, il décrit leurs « collants » : « Par temps froid, ou l'hiver, ils portent le côté en fourrure à l'intérieur et à l'extérieur en été. » Un homme et une femme furent capturés par Frobisher et ramenés en Angleterre, mais ils ne survécurent pas.

CERCLE ARCTIQUE

ALASKA

OCÉAN ARCTIQUE

GROENLAND

ISLANDE

PREMIÈRES EXPÉDITIONS DANS LES EAUX DE L'ARCTIQUE	
Martin Frobisher	1576-1578
John Davis	1585-1587
Willem Barents	1596
Henry Hudson	1610
Vitus Béring	1725-1730
John Ross	1818
William E. Parry	1819-1820

CHASSEURS DE RENNES

S'ils servaient à tirer les traîneaux, les rennes fournissaient également viande, vêtements, outils et tentes aux chasseurs de Sibérie : les Tchouktches, les Samoyèdes et les Yakoutes.

VITUS BÉRING

Une série d'expéditions conduites par l'explorateur danois Vitus Béring, entre 1725 et 1741, permit de tracer la carte de presque toute la côte arctique de l'Asie. Béring mourut en 1741 lorsque, après le naufrage de son bateau, il échoua sur une petite île de l'Arctique.

SIBÉRIE

DE FANTASTIQUES ICEBERGS
L'explorateur John Ross fut émerveillé par « les différentes et magnifiques » couleurs des icebergs.

+ PÔLE NORD

NOUVELLE-ZEMBLE

SPITZBERG

NORVÈGE

Parry récompensé

Vers 1818, la recherche du passage du Nord-Ouest s'intensifiait, et le gouvernement britannique promit une récompense de 5 000 livres sterling au premier bateau qui franchirait le point 110° de longitude ouest pour pénétrer à l'intérieur du cercle arctique. William E. Parry largua les amarres en mai 1819, à la tête de deux bateaux : le *Hecla* et le *Griper*. Dès septembre, il avait atteint l'île Melville en traversant les glaces. Jamais on n'était allé aussi loin vers l'ouest. Arrivé au point 112° de longitude ouest, il fut arrêté par l'épaisseur de la glace, mais il avait gagné la récompense promise. L'équipage reçut une partie de cet argent et, pour le dîner du dimanche, Parry offrit à ses hommes double ration de viande et de bière.

DES LUNETTES POUR LA NEIGE

Les premiers explorateurs portaient des lunettes destinées à protéger leurs yeux de l'intensité aveuglante du soleil arctique. Ces lunettes (à gauche) appartenaient à William E. Parry, qui partit en 1819 à la recherche du passage du Nord-Ouest.

Le regard ne passait qu'à travers ces fentes étroites.

UN HIVER SUR LA GLACE

Barents fut le premier Européen à passer un hiver dans l'Arctique, où il s'échoua alors qu'il cherchait le passage du Nord-Est, en 1596. Barents et son équipage bâtirent une cabane avec des planches du bateau (à gauche). Après quoi, ils se blottirent les uns contre les autres et attendirent que la glace fonde pour retourner en Europe.

REPÈRES

- L'océan Arctique couvre environ 14,8 millions de km^2.

- La température de l'océan, à la surface, est en moyenne de −1°C, l'été, et −2 °C, l'hiver.

- La plus grande profondeur de l'Arctique est de 4 000 m. La profondeur moyenne est de 1 300 m.

CAP AU SUD

BIEN AVANT QUE QUICONQUE N'AIT VU l'Antarctique, les scientifiques de nombreux pays étaient persuadés qu'il existait au sud du globe un gigantesque continent. Ils le baptisèrent *terra australis incognita* (« la terre inconnue du Sud »). James Cook, le grand explorateur du XVIIIe siècle, fut le premier à traverser le cercle antarctique. Au cours de la centaine d'années qui suivit, la carte des côtes antarctiques fut tracée par les chasseurs de phoques et les pêcheurs de baleines, les explorateurs et les scientifiques. Le Russe von Bellingshausen, l'Américain Palmer et l'Anglais Bransfield, déclarèrent, en 1821, avoir aperçu la péninsule Antarctique sans que l'on sache s'ils avaient vu le continent ou l'une des îles. Ils furent suivis par Wilkes, Dumont d'Urville, Ross et bien d'autres. De 1897 à 1899, le Belge Gerlache de Gomery dirigea la première expédition qui passa un hiver entier dans l'Antarctique.

MER DE WEDDELL

MER DE BELLINGSHAUSEN

PLATE-FORME GLACIAIRE DE RONNE

CERCLE ANTARCTIQUE

DE VRAIS ATHLÈTES
Sur terre, les pingouins sont des animaux patauds mais, dans l'eau, les espèces les plus rapides peuvent atteindre la vitesse de 30 km/h.

UN MOMENT DE DÉTENTE
L'Américain Charles Wilkes traça la carte de la région côtière nommée depuis terre de Wilkes. Son équipage est représenté ci-dessus lors d'une brève mais joyeuse escale sur un iceberg, en 1840.

BAIN DE SOLEIL
Les phoques passent des heures entières à se chauffer au soleil sur des plaques de glace flottante. Le phoque crabier (ci-contre) est une des six espèces de l'Antarctique.

PREMIÈRES EXPÉDITIONS DANS LES EAUX DE L'ANTARCTIQUE	
James Cook	1772-1775
Fabian von Bellingshausen	1819-1821
Nathaniel Palmer	1820
James Weddell	1823
Jules Dumont d'Urville	1839-1840
Charles Wilkes	1840
James Clark Ross	1839-1843

MONTRES MARINES

Des montres spéciales appelées chronomètres étaient utilisées par les navigateurs pour calculer leur position en mer. Celle-ci a appartenu à James Cook.

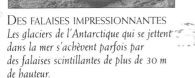

DES FALAISES IMPRESSIONNANTES
Les glaciers de l'Antarctique qui se jettent dans la mer s'achèvent parfois par des falaises scintillantes de plus de 30 m de hauteur.

+ PÔLE SUD

ANTARCTIQUE

MONTS TRANSANTARCTIQUES

PLATE-FORME GLACIAIRE DE ROSS

TERRE DE WILKES

TERRE ADÉLIE

MER DUMONT D'URVILLE

COOK FAIT ROUTE VERS LE SUD

En 1772, l'Amirauté britannique chargea James Cook de découvrir la « Terre du sud », d'étudier son sol, sa faune, sa flore, et d'établir des relations d'amitié avec les indigènes, s'il y en avait. Cook ne découvrit pas l'Antarctique, mais ses descriptions de la richesse de la vie marine de cet océan inexploré attira dans cette contrée du globe des centaines de chasseurs de phoques et de pêcheurs de baleines.

SUR LA MER DÉCHAÎNÉE

Le Français Jules Dumont d'Urville traça en partie la carte de la péninsule antarctique en 1837, à bord de *L'Astrolabe* et de la *Zélée*. En 1840, il revint dans cette région, sujette à d'épouvantables tempêtes, mais explora l'autre côté du continent, qu'il baptisa terre Adélie, du nom de sa femme Adèle.

REPÈRES

• L'Antarctique est presque deux fois plus grand que l'Australie. Ce continent couvre 14 245 000 km².

• Si la glace de l'Antarctique fondait, le niveau de la mer dans le monde s'élèverait de 60 m.

• La plate-forme glaciaire de Ross est aussi grande que le Texas, aux Etats-Unis.

Un scientifique à bord

LE BOTANISTE britannique Joseph Hooker était encore un jeune homme quand il partit vers le sud avec sir James Clark Ross. Hooker participa à plusieurs expéditions pour chercher des spécimens végétaux.

Anisotome latifolia

Dessin exécuté dans l'Antarctique par Hooker

VERS LE SUD
PAR LA MER DE ROSS

L'OFFICIER DE MARINE ANGLAIS JAMES CLARK ROSS N'ÉTAIT pas seulement un brillant navigateur, mais également un scientifique, passionné par le champ magnétique terrestre. En 1831, au cours d'un voyage dans l'Arctique avec son oncle sir John Ross, il avait localisé le nord magnétique. Ross partit de Tasmanie en novembre 1840 avec deux bateaux, l'*Erebus* et le *Terror*. Il savait que l'Américain Charles Wilkes et le Français Jules Dumont d'Urville empruntaient la même route, aussi tenta-t-il sa chance plus à l'est. Mettant le cap au sud, au milieu de la banquise, il arriva à 130 km de la côte antarctique. Il fut arrêté par une gigantesque barrière de glace, mais il avait d'ores et déjà découvert l'île de Ross, la terre Victoria, le mont Erebus (le volcan en activité situé le plus au sud du globe) et l'emplacement du sud magnétique.

13 mars 1842 UN DRAME ÉVITÉ DE PEU

En 1841, Ross repartit explorer la « grande barrière » de glace. Au début de l'année suivante, pris dans de violents orages, au milieu des icebergs, l'*Erebus* et le *Terror* entrèrent en collision. Leurs gréements s'entremêlèrent. Seuls la chance et le formidable savoir-faire des marins les sauvèrent de la tragédie.

Le sud magnétique

EN NAVIGUANT le long des côtes de l'Antarctique, dans la mer à laquelle il donnerait son nom, Ross effectua des relevés à différents endroits avec sa boussole. Une fois ces relevés reportés sur une carte, à partir des différentes positions du bateau, les lignes se croisaient toutes au même point : le pôle magnétique. Celui-ci se trouvait à environ 120 km à l'intérieur du continent, derrière une chaîne de montagnes (p. 44).

La « grande barrière » de glace
L'avancée de Ross vers le sud fut interrompue par une immense falaise de glace vive de 60 m de haut, l'extrémité d'une gigantesque plaque de glace flottante aussi grande que la France. Cette barrière fut baptisée par la suite plate-forme glaciaire de Ross.

Mont Erebus, 3 743 m

Plate-forme glaciaire de Ross

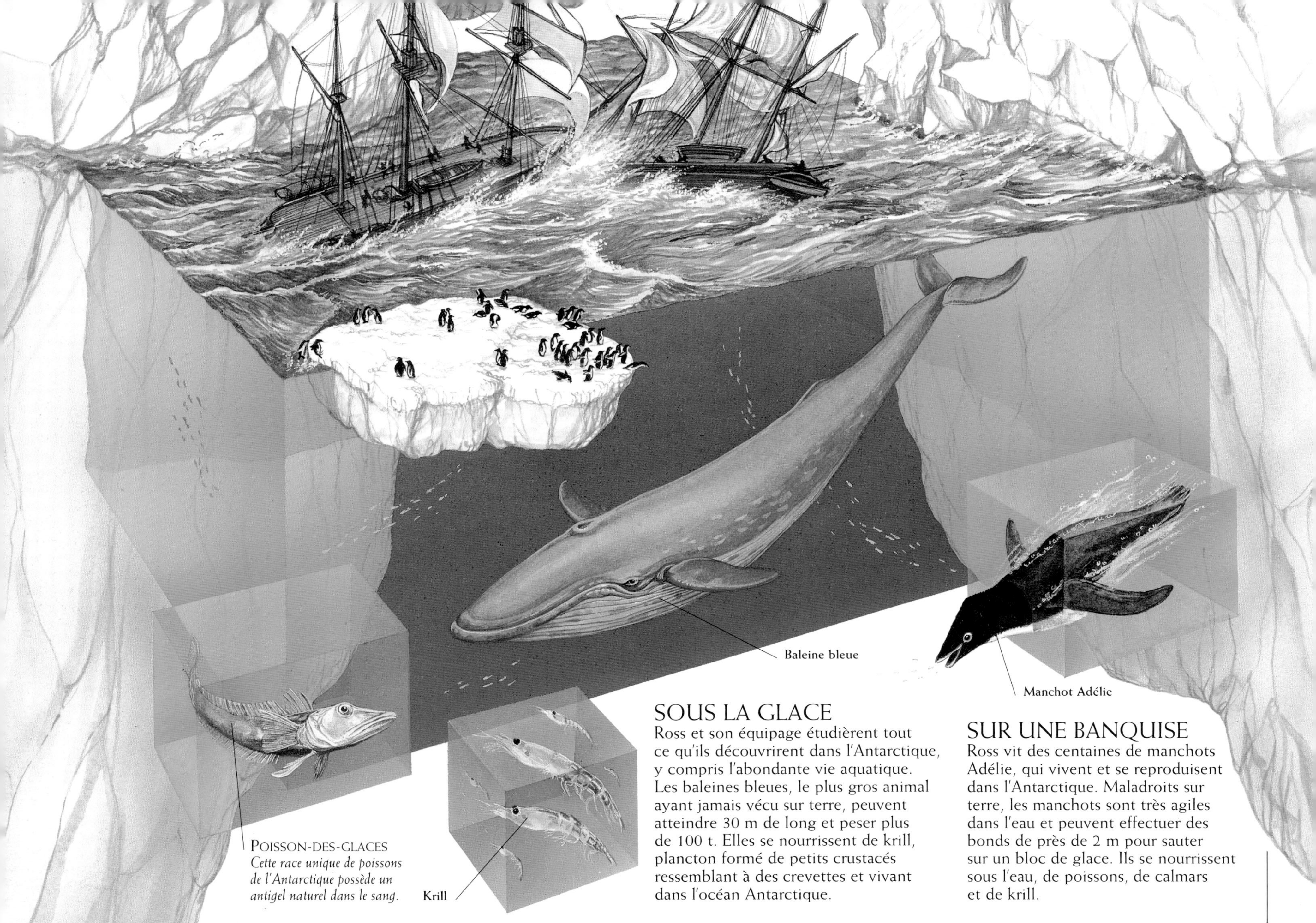

Manchot Adélie

Baleine bleue

Krill

SUR UNE BANQUISE

Ross vit des centaines de manchots Adélie, qui vivent et se reproduisent dans l'Antarctique. Maladroits sur terre, les manchots sont très agiles dans l'eau et peuvent effectuer des bonds de près de 2 m pour sauter sur un bloc de glace. Ils se nourrissent sous l'eau, de poissons, de calmars et de krill.

SOUS LA GLACE

Ross et son équipage étudièrent tout ce qu'ils découvrirent dans l'Antarctique, y compris l'abondante vie aquatique. Les baleines bleues, le plus gros animal ayant jamais vécu sur terre, peuvent atteindre 30 m de long et peser plus de 100 t. Elles se nourrissent de krill, plancton formé de petits crustacés ressemblant à des crevettes et vivant dans l'océan Antarctique.

POISSON-DES-GLACES
Cette race unique de poissons de l'Antarctique possède un antigel naturel dans le sang.

L'EXPÉDITION PERDUE

À 59 ANS, SIR JOHN FRANKLIN ÉTAIT DÉJÀ âgé pour un explorateur polaire, mais il ne manquait pas de courage. Il avait participé à la bataille de Trafalgar et exploré 9 000 km de côtes arctiques au Canada entre 1819 et 1822. En mai 1845, la Royal Navy britannique le chargea de poursuivre les recherches afin de découvrir le passage du Nord-Ouest. Ses deux bateaux, l'*Erebus* et le *Terror*, avaient déjà navigué en Antarctique avec Ross et avaient été améliorés depuis. Alors que l'expédition de Franklin était dans la baie de Baffin, elle rencontra un baleinier. Le capitaine, qui dîna à bord de l'*Erebus* avec Franklin et ses officiers, fut le dernier à les voir vivants.

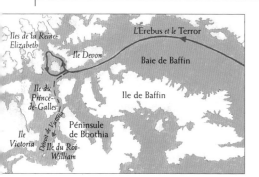

L'erreur fatale
Les cartes de Franklin indiquaient, par erreur, que l'île du Roi-William touchait la péninsule de Boothia, aussi essaya-t-il de traverser le détroit de Victoria bloqué par les glaces. Il ignorait qu'une route praticable contournait l'île par l'est et le sud.

NAUFRAGES
22 avril 1848 Après être restés coincés dans les glaces durant deux hivers, les équipages abandonnèrent l'*Erebus* et le *Terror*, qui coulèrent sans doute peu après.

Canot de sauvetage

Mousses

Marins britanniques

Matelots brevetés

Sous-officiers

Adjudants

Second maître
Chirurgien
Chirurgien adjoint
Pilote de glace
Commissaire du bord

Capitaines en second

Lieutenants de vaisseau

Commandant : James Fitzjames

Capitaine : sir John Franklin

LES ÉQUIPAGES
L'*Erebus* comptait 67 hommes à son bord, alors que le *Terror*, plus petit, n'en avait que 62. Tous étaient des marins d'élite. Franklin commandait l'*Erebus* et Crozier le *Terror*.

LA LONGUE MARCHE
26 avril 1848 Crozier et ses hommes marchèrent vers le sud, transportant leurs vivres sur des traîneaux. Ils emportèrent un canot de sauvetage au cas où ils devraient traverser une étendue d'eau.

Un empoisonnement au plomb

LES BATEAUX DE FRANKLIN transportaient ce qu'on faisait de mieux en matière de technique alimentaire. Toutefois, les boîtes de conserve étaient scellées avec du plomb, et certains scientifiques pensent que l'équipage avait été atteint de saturnisme.

L'homme congelé
En 1981, des scientifiques exhumèrent le corps congelé de John Torrington, un mécanicien de 20 ans. Des examens montrèrent que son sang contenait dix fois la dose normale de plomb.

Ration en conserve

> « On découvrit également une petite brosse à habits et un peigne de poche en corne, auquel étaient encore accrochés quelques cheveux châtains. »
>
> L'amiral sir Leopold McClintock dresse la liste des objets retrouvés près d'un squelette en 1859.

Que s'est-il passé ?

Le temps a permis de retracer le triste destin de l'expédition de Franklin. Des vêtements, des vivres, ainsi que des messages ont été découverts, cachés dans une tombe. Apparemment, les bateaux furent pris dans les glaces durant l'hiver 1846. En avril 1848, Franklin et vingt-trois de ses hommes étaient morts, et les bateaux se disloquaient. Les survivants marchèrent vers le sud, dans l'espoir d'atteindre un comptoir commercial dans la baie d'Hudson. Tous périrent en chemin.

Recherches désespérées
Plus de trente expéditions tentèrent de retrouver, ou de comprendre, ce qu'il était advenu de sir John Franklin et de ses équipages. En 1850-1851, les navires le *Resolute*, l'*Assistance*, l'*Intrepid* et le *Pioneer* passèrent l'hiver dans l'Arctique afin d'élucider ce mystère.

À BOUT DE FORCES
Au bord de l'épuisement et atteints du scorbut, les hommes de Crozier ont peut-être acheté de la viande de phoque à des Esquimaux.

TÉMOINS ESQUIMAUX
Une famille d'Esquimaux qui chassait le phoque près de la côte nord de l'île du Roi-William affirma avoir vu Crozier et ses hommes faire route vers la Great Fish River.

Ingéniosité inuit

LES INUIT utilisèrent l'acier des navires abandonnés par Franklin pour faire les lames de ces couteaux à manche d'os, trouvés des années plus tard par une équipe de recherche.

Matériaux naturels
Phoques, baleines, ours et caribous fournissaient les os servant à fabriquer les manches.

QUI ÉTAIT-CE ?

On pensa qu'un des squelettes retrouvés à proximité du bateau était celui d'un officier « car il portait un télescope en bandoulière et était couché sur un fusil à double canon ». S'agissait-il d'un officier qui avait quitté le groupe pour parler avec des Inuit ?

MAL ÉQUIPÉS

Les explorateurs européens tardèrent à retenir les leçons des Inuit, dont les vêtements en peau de phoque étaient parfaitement adaptés à la rigueur du climat. Les hommes de Franklin portaient des gants et des toques mais, curieusement, ils n'avaient que leurs uniformes de marin et des manteaux en toile de voile pour lutter contre le froid de l'Arctique.

Toque avec rabats

Manteau coupe-vent, porté sur l'uniforme de marin

Gants en peau et en fourrure de phoque

Télescope

Fusil

Jambières en laine

RENCONTRE AVEC DES INUIT

Printemps 1850

En 1854, l'explorateur écossais John Rae rencontra un groupe d'Inuit qui lui dit : « Au printemps, il y a quatre hivers de cela, alors que des familles chassaient le phoque près du rivage nord d'une grande île, elles virent une quarantaine d'hommes blancs marcher vers le sud, sur la glace, en tirant derrière eux une embarcation et des traîneaux… »

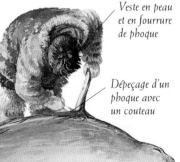

Veste en peau et en fourrure de phoque

Dépeçage d'un phoque avec un couteau

La route du *Fram* depuis la Norvège
Nansen longea les côtes de Sibérie
avant de s'enfoncer dans les glaces.
Un an plus tard, avec un compagnon,
il partit en traîneau vers le pôle Nord,
tandis que le *Fram* continuait à dériver.

LE VOYAGE DU *FRAM*

LE NORVÉGIEN FRIDTJOF NANSEN FUT

le plus grand des explorateurs de l'Arctique.
Il conçut un bateau capable de supporter la
pression des glaces et pouvant ainsi dériver vers
le pôle Nord en restant prisonnier de la banquise.
Baptisé *Fram*, ce navire tint parfaitement son rôle
et dériva à travers l'océan Arctique. Quand Nansen
s'aperçut que son navire allait dépasser le pôle Nord,
il poursuivit son voyage en traîneau,
avec Hjalmar Johansen.
Les deux hommes durent
rebrousser chemin à
380 km du pôle.

SUR LES GLACES

24 juin 1893
Nansen quitta la Norvège
à bord du *Fram* avec
12 hommes d'équipage et
30 chiens. Afin de faciliter
les manœuvres dans
la glace, le *Fram*
ne mesurait
que 34 m
de long
et 11 m
de large.

À LA DÉRIVE

20 sept. 1893
Comme prévu, sous
la pression de la glace
le bateau de Nansen se souleva
et progressa avec la banquise, au
nord de la Sibérie. Quand, enfin,
la pression se relâcha, le *Fram*
retomba dans l'eau. Il dériva ainsi
pendant trente-cinq mois, durant
lesquels l'équipage observa le climat, la
vie aquatique et les courants de l'océan.

*Une éolienne
fournissait de
l'électricité pour
l'éclairage.*

Chaudière

*Salle des
machines*

« Beau temps
depuis plusieurs
jours ; la lune
transforme ce
monde de glace en
royaume féerique. »

**Fridtjof Nansen
dans son livre, « Vers le pôle », 1897**

*Le 20 septembre 1893, le Fram
pénétra dans la banquise.*

*Sur la glace, les chiens étaient
abrités dans des niches.*

ENFIN LIBRES !

13 août 1896

Libéré des glaces, le *Fram* déboucha en pleine mer et atteignit les côtes de Norvège une semaine après.

TOUJOURS PLUS AU NORD
Nansen planta le drapeau norvégien au point 86°14' de latitude nord. Jamais personne n'était allé si loin vers le nord.

VERS LE SUD
Les deux hommes assemblèrent leurs kayaks et voguèrent vers la terre François-Joseph.

SUR L'EAU
Deux chiens et tout le matériel furent transportés dans des kayaks.

SUR LA GLACE
Nansen et Johansen s'élancèrent sur la banquise avec des skis, des kayaks, des traîneaux, 28 chiens et des vivres pour cent jours.

HIVERNAGE DANS L'ARCTIQUE
Nansen et Johansen passèrent leur deuxième hiver polaire dans une cabane de pierres sur une des îles de la terre François-Joseph. Ils se nourrirent de viande d'ours et de phoque. Au printemps suivant, ils faisaient route vers le sud, au milieu des îles.

DES HÉROS

25 août 1896

Après quatre mois sur la glace et un deuxième hiver passé sur la terre François-Joseph, Nansen et Johansen furent stupéfaits de découvrir une expédition anglaise, dont le bateau, le *Windward*, les ramena à la base de Vardö. Quelques semaines plus tard, les deux hommes et l'équipage du *Fram* se retrouvèrent à Tromsø, où ils furent accueillis en héros.

Coquelicots arctiques
Alors que Nansen et Johansen naviguaient entre les îles, au début de l'été, la terre François-Joseph était couverte d'une variété de coquelicots d'un jaune éclatant.

Une solution fuyante

LE *FRAM* (« vers l'avant » en norvégien) était conçu pour affronter les glaces. Il fut construit par l'architecte écossais Colin Archer, qui vivait en Norvège. Son idée était que « le bateau devait pouvoir échapper comme une anguille à l'étau de la glace ».

Des poutres en chêne et en fer empêchaient que le Fram fût broyé par la glace.

Sous la pression de la glace, le bateau se soulevait peu à peu.

Le Fram restait ensuite posé sur la glace, jusqu'à ce que celle-ci le libère et qu'il flotte à nouveau.

Une étrange rencontre
Le 17 juin 1896, dans ce monde de silence, Nansen crut entendre un chien aboyer. Quelques minutes plus tard, il serrait la main de l'explorateur anglais Frederick Jackson, qui participait à l'expédition du *Windward*.

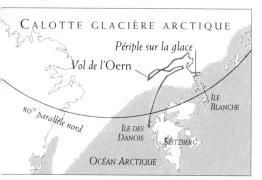

CALOTTE GLACIÈRE ARCTIQUE

Périple sur la glace
Vol de l'Oern
80° parallèle nord
ÎLE BLANCHE
ÎLE DES DANOIS
SPITZBERG
OCÉAN ARCTIQUE

TROIS HOMMES DANS UN BALLON

LE DIMANCHE 11 JUILLET 1897, UN ballon à hydrogène décolla des rives de l'île des Danois, pour tenter de survoler le pôle Nord. L'expédition était composée de l'ingénieur suédois Salomon Andrée, explorateur habitué à l'Arctique, du photographe Nils Strindberg et de l'ingénieur Knut Fraenkel. Ils emportaient des vivres, des fusils, un canot et des traîneaux pour pouvoir traverser la banquise au cas où le ballon serait obligé d'atterrir. Celui-ci, baptisé *Oern*, s'éleva en direction du Nord, vers l'île Blanche. On ne le revit jamais.

Le funeste voyage d'Andrée
L'intention d'Andrée était de survoler l'océan Arctique et de prendre des clichés qui permettraient ensuite d'établir des cartes. Il s'envola de l'île des Danois vers l'ouest des Spitzberg. Son voyage s'acheva dans la mer de glace de l'Arctique.

OPÉRATION DÉLICATE
Le remplissage d'un ballon gonflé à l'hydrogène est dangereux, car il s'agit d'un gaz hautement explosif. Le ballon était donc entouré d'une structure de bois et de toile, conçue pour basculer vers l'extérieur en cas d'explosion.

Le ballon est enfermé dans une structure amovible.

11 juillet 1897
LE DÉPART
Au lieu de s'élever à la verticale, le ballon racla les rochers, tirant derrière lui ses amarres et endommageant de façon irréversible le système de navigation.

POUR L'INSTANT, TOUT VA BIEN
Un pigeon voyageur envoyé avant l'accident était porteur d'un message destiné à un bateau de pêche norvégien. On pouvait y lire : « Tout va bien. »

Léger, puissant et rempli de gaz

LA PARTIE SUPÉRIEURE DU BALLON était constituée de trois doubles couches de soie de Chine, vernies sur les deux faces. La moitié inférieure ne possédait qu'une seule double couche, pour plus de légèreté. Par ailleurs, l'*Oern* devait être suffisamment large pour contenir du gaz pour un mois, les vivres et le matériel, soit trois tonnes en tout. Rempli, le ballon gonflé renfermait 4 800 m^3 d'hydrogène.

Inspection de la toile du ballon pour repérer les fuites

Couche de vernis
Trois doubles couches de soie
Autre couche de vernis

Réalisation du ballon

DANS LES AIRS

La nacelle de l'*Oern* était dotée de trois couchettes, d'une chambre noire pour développer les photos et de placards pour stocker les vivres et le matériel scientifique. Le ballon transportait également douze petites balises qui pouvaient être larguées pour envoyer des messages et une, plus grosse, que les trois hommes projetaient de lâcher au-dessus du pôle Nord.

Balise contenant un message

Nacelle

Voiles latérales

L'« AIGLE »
Le ballon fut baptisé Oern, *mot suédois signifiant « aigle ».*

UN ATTERRISSAGE BRUTAL

14 juillet 1897

Trois jours après le décollage, l'expédition rencontra un brouillard givrant. La glace alourdit le ballon et la nacelle racla le sol gelé, jusqu'à l'accident. Il n'avait parcouru que 830 km. Voyant que l'*Oern* perdait de l'altitude, les trois passagers larguèrent tout le lest et plus de 220 kg de nourriture pour tenter désespérément de demeurer en l'air. Leurs efforts furent vains mais, au moins, ils survécurent au crash.

BALLON DÉGONFLÉ
Le ballon gisait, masse informe, sur la glace. Aucun espoir de lui faire.

Comment sont-ils morts ?

Les trois hommes marchèrent sur la banquise pendant deux mois, mais ils moururent peu après avoir atteint l'île Blanche, à l'est des Spitzberg. Il est peu vraisemblable qu'ils soient morts de faim car on retrouva de la viande d'ours dans leur campement. Certains pensent qu'ils ont été empoisonnés par le monoxyde de carbone provenant de leur réchaud. Un chasseur de phoques norvégien avance une autre théorie : « Je pense qu'ils sont morts dans leur sommeil. Le froid les a emportés. »

Trente ans après

En août 1930, soit plus de trente ans après la disparition de l'*Oern*, deux marins norvégiens trouvèrent les vestiges du dernier campement des aéronautes sur l'île Blanche. Les corps des explorateurs furent ramenés en Suède, ainsi que leurs carnets de bord et un appareil photo. Une fois développés, les clichés montrèrent les trois hommes tirant des traîneaux, campant et chassant sur la banquise. Leurs journaux relataient la suite de cette triste aventure.

Camping sur glace
Une photo, développée bien plus tard à Stockholm, montre les trois explorateurs campant sur la glace, près du canot retourné dont ils se serviraient ensuite pour atteindre l'île Blanche.

Chasse et remorquage
Deux autres photos, contenues dans l'appareil, montraient Fraenkel et Strindberg devant un ours polaire qu'ils avaient tué pour se nourrir (ci-dessus), et Fraenkel, Andrée, Strindberg en train de pousser un traîneau supportant le canot, pour lui faire franchir un mur de glace (ci-dessous).

La conquête des pôles

LES VINGT PREMIÈRES ANNÉES du XXᵉ siècle sont considérées comme « l'âge héroïque de l'exploration polaire ». Le passage du Nord-Ouest avait été emprunté pour la première fois en 1906 et, à cette époque déjà, la majeure partie du littoral antarctique avait été cartographiée. Les explorateurs se tournèrent alors vers les deux derniers grands défis à relever : la conquête du pôle Nord et du pôle Sud.

« Grand Dieu ! Quel endroit épouvantable, et quelle déception pour nous qui avons tant peiné, sans avoir la récompense de la primeur. Mais c'est déjà bien d'être arrivés jusqu'ici et peut-être que, demain, le vent sera notre ami. Nous avons renoncé à notre objectif et devons maintenant affronter les 1 200 km de marche laborieuse. Et dire adieu à la plupart de nos rêves ! »

Journal de Robert Falcon Scott
aux dates du 17 et du 18 janvier 1912

Tente d'Amundsen

Robert Scott et ses compagnons posent à côté de la tente de Roald Amundsen au pôle Sud, le 16 janvier 1912.

Enfin, le pôle !
Les hommes qui accompagnèrent Peary jusqu'au pôle étaient son coéquipier Matthew Henson et quatre Inuit, Egingwah, Ootah, Seegloo et Ooqueah. Peary les photographia le 6 avril 1909, à l'endroit où se trouvait, selon lui, le pôle Nord.

AU SOMMET DU MONDE

ROBERT PEARY, INGÉNIEUR CIVIL DE la marine américaine, était hanté par un rêve : conquérir le pôle Nord. En 1886, âgé de 30 ans, il effectua son premier voyage polaire et parcourut le Groenland en traîneau. Au cours des vingt années qui suivirent, il cartographia la côte nord du Groenland et, à plusieurs reprises, tenta d'atteindre le pôle. En 1905-1906, il s'en approcha à 280 km, à bord du *Roosevelt*. Le 6 avril 1909, accompagné de Matthew Henson, de dix-sept Inuit et de deux cent cinquante chiens, Peary atteignit le pôle après trente-six jours de marche.

LE FROID QUI BRÛLE
Contraint d'affronter des températures pouvant atteindre – 50 °C, Peary écrivit : « Le vent cinglant nous brûlait le visage ; notre peau se fendait. Les Esquimaux eux-mêmes se plaignaient d'avoir mal au nez. L'air était tranchant comme de l'acier gelé. »

Souvent, il fallait faire franchir aux lourds traîneaux des congères de plusieurs mètres de haut.

LE SÉCHAGE DU POISSON
L'ombre (un poisson voisin du saumon et de la truite) est très apprécié des Inuit. Après l'avoir nettoyé, on le fait sécher à l'air libre. Il fera ainsi partie des réserves pour l'hiver.

Le traîneau modifié de Peary

Sur la glace, il n'était pas rare que Peary ouvre la voie pour encourager les chiens.

LE TRAÎNEAU DE PEARY
Les traîneaux d'explorateur mesurent généralement un peu plus de 2 m de long sur 80 cm de large. Ils étaient en frêne avec des baguettes d'acier pour renforcer les patins. Peary utilisa un modèle différent, plus long et plus étroit, avec des patins plus larges.

Les larges patins sont dotés de baguettes d'acier.

UN DUO
Noir américain, conducteur de traîneau émérite, Matthew Henson accompagna Peary dans toutes ses expéditions polaires. Par la suite, Henson et Peary écrivirent des livres sur leurs périples et le mode de survie des Inuit dans l'Arctique.

LE SAVOIR-FAIRE INUIT

Peary comprit que, pour réussir dans son entreprise, il devait prendre exemple sur les Inuit. Il engagea donc des habitants de la région. Ils passèrent leur premier hiver à chasser afin de stocker de la viande fumée destinée à l'expédition, pendant que les femmes confectionnaient des bottes et des vêtements avec des peaux de phoques, de caribous et de loups.

LA CHALEUR DU PHOQUE
Les explorateurs européens découvrirent enfin que les toques et les moufles en peau de phoque offraient une protection bien plus efficace que les chapeaux et les gants en laine.

Fabrication de patins de traîneau

Tente de huit personnes, utilisée par l'expédition de Peary

Tente d'été inuit

Les femmes inuit utilisaient les tendons de narval (un genre de baleine) pour coudre les peaux.

Les chasseurs inuit

Les bancs de flétans prisonniers des glaces et agonisants constituaient des proies faciles pour les Inuit.

Une maison en forme de dôme
Les Inuit chargés d'assister Peary partirent en éclaireurs, afin de tracer une piste et de construire de petits igloos servant d'abris pour la nuit. Parfois, lors de telles expéditions, on construisait également des igloos pour les chiens. Pour bâtir un igloo, on empilait des blocs de glace en spirale, en prenant soin de laisser un petit trou de ventilation au sommet.

La fabrication des patins

Là où le bois était rare, les Inuit fabriquaient des patins pour leurs traîneaux à partir de poissons séchés et de peaux de caribou roulées.

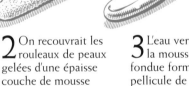

1 Le poisson enveloppé dans des peaux de caribous était roulé avec les pieds pour former une sorte de saucisse.

2 On recouvrait les rouleaux de peaux gelées d'une épaisse couche de mousse et de neige fondue.

3 L'eau versée sur la mousse et la neige fondue formait une pellicule de glace extrêmement dure.

Le retour

La course vers le pôle Nord fut marquée par l'énorme controverse entre Robert Peary et Frederick Cook. À son retour de l'Arctique en 1909, Peary apprit avec fureur que Cook, ancien ami devenu rival, prétendait avoir atteint le pôle un an plus tôt – le 21 avril 1908, précisément –, mais avoir été obligé d'hiverner dans l'Arctique. Après une longue enquête, le Congrès américain donna raison aux revendications de Peary, auquel il accorda le grade de contre-amiral et une pension. Toutefois, aujourd'hui encore, de nombreuses personnes se demandent si Peary a réellement atteint le pôle Nord.

Combat de boxe polaire
Le monde entier se passionna pour le différend entre Peary et Cook. Les dessinateurs s'en régalèrent, comme celui du *Petit Journal* !

LA COURSE VERS LE PÔLE SUD

EN 1911, DEUX EXPÉDITIONS SE LANCÈRENT dans une course acharnée pour atteindre le pôle Sud. L'une était conduite par Robert Falcon Scott, officier de la marine britannique, l'autre était dirigée par l'explorateur norvégien Roald Amundsen. Les projets des deux hommes étaient très différents. Alors que Scott décida de se déplacer à skis, en tirant ses traîneaux sur la glace, Amundsen, skieur émérite, voyagea avec rapidité et légèreté, en utilisant des chiens de traîneau pour tirer son lourd matériel. Les deux expéditions atteignirent le pôle. Mais une seule en revint.

La cabane de Scott
Au cours de l'hiver 1911, l'équipe de Scott construisit à Cap Evans, sur la plate-forme de Ross, une cabane qui serait leur maison. Aujourd'hui encore, l'intérieur de la cabane est tel que les explorateurs l'ont laissé.

11 janv. 1911 « FRAMHEIM »
Amundsen installa son camp de base sur la plate-forme de Ross et baptisa sa cabane « Framheim », du nom du bateau le *Fram*, qu'il avait emprunté à Fridtjof Nansen (p. 16-17). Sept hommes et cent dix-huit chiens de traîneau l'accompagnaient.

21 déc. 1911 AVEC TÉNACITÉ
Après avoir lutté pour avancer dans la neige profonde, les hommes de Scott atteignirent le sommet du glacier Beardmore avec tout leur matériel.

ACHEVÉS
Au pied du glacier, les derniers chevaux, épuisés, durent être abattus.

5 nov. 1911 SURÉQUIPÉ !
Après plusieurs mois passés à Cap Evans, Scott se mit en route avec quinze hommes, trente chiens, dix-sept chevaux et deux traîneaux à chenilles motorisés. Tous les deux se brisèrent durant la traversée de la plate-forme de Ross.

Camp de base de Scott à Cap Evans

Traîneau à chenilles motorisé

Le voyage de Scott

SACRIFICE
Handicapé par de terribles gelures, Oates partit seul vers la mort, dans le blizzard, plutôt que de retarder ses compagnons.

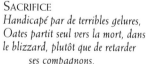

29 mars 1912 DERNIERS MOTS
Scott, Wilson et Bowers moururent d'épuisement, sous leur tente. Dans le journal de Scott, on peut lire à la date du 29 mars : « C'est affreux, mais je crois que je ne pourrai plus écrire. » Quand on retrouva les trois hommes morts, Scott tenait encore son journal sous le bras.

LE GRAND PÉRIPLE

EN 1914, SIR ERNEST SHACKLETON entreprit de traverser l'Antarctique, soit un trajet de 3 300 km. Son bateau, l'*Endurance*, fut naufragé avant même qu'il ne pose le pied sur le sol antarctique, et pourtant, il effectua le plus long périple de l'histoire de l'exploration polaire.

Shackleton quitta la Géorgie du Sud, une île de l'Atlantique Sud, le 5 décembre 1914. L'*Endurance* avança rapidement tout d'abord, en se frayant un passage dans d'étroits canaux, au milieu des blocs de glace, contournant des icebergs plus hauts que le pont. Mais le 16 janvier 1915, le vent tourna, déplaçant les glaces flottantes qui se refermèrent autour du bateau. Très vite, l'*Endurance* se retrouva coincé. Au cours du long hiver obscur, la banquise entraîna le bateau à un millier de kilomètres vers le nord. Finalement, la coque de bois se brisa comme de banales allumettes, et l'eau glacée s'engouffra dans les cales, obligeant les explorateurs à abandonner le navire. Pendant les six mois qui suivirent, les hommes campèrent sur des blocs de glace dérivants qu'ils baptisèrent « camp Océan » et « camp de la Patience ».

Célébration du solstice d'hiver
Au milieu de l'hiver antarctique, le 22 juin, Shackleton et ses compagnons organisèrent un dîner à bord de l'*Endurance*. La salle à manger, surnommée le Ritz, fut ornée de drapeaux et de fanions.

La route de Shackleton vers le sud
L'*Endurance* quitta l'île de Géorgie du Sud, dans l'océan Atlantique Sud, en décembre 1914. Il sombra un an plus tard, broyé par les glaces.

18 jan. 1915
COINCÉS !
Tandis que des bourrasques poussaient les blocs de glace contre le bateau, l'équipage tenta de le libérer en utilisant les voiles et les machines à vapeur.

CAMPING SUR GLACE
Les mois passés au « camp Océan » furent éprouvants. L'été arrivait ; les sacs de couchage et les vêtements étaient trempés en permanence.

La graisse de phoque servit de combustible pour le poêle.

SÉCHAGE EN EXTÉRIEUR
Les explorateurs étendaient leur linge sur des fils, dehors.

NUITS D'HIVER
Blottis dans leurs tentes, les hommes jouaient aux cartes ou lisaient à voix haute.

Les déplacements de la glace donnaient le mal de mer à certains.

L'équipage déchargea les vivres sur un toboggan de toile.

27 oct. 1915
SAUVE QUI PEUT !
Shackleton comprit que l'*Endurance* était condamné. La force de la glace l'avait quasiment soulevé hors de l'eau et l'avait couché sur le flanc. Plus tard, il écrivit : « D'énormes blocs de glace, pesant plusieurs tonnes, se retrouvaient hissés dans les airs et jetés sur le côté. Nous étions des intrus dans un monde étrange, impuissants. » À regret, Shackleton donna l'ordre d'évacuer le navire.

UN PÉNIBLE REMORQUAGE
Il fallut tirer les canots de sauvetage dans la neige profonde et par-dessus les congères.

Le chasseur chassé
Les dangers étaient nombreux sur la banquise. Alors qu'il était parti chasser les phoques et les pingouins, un des hommes faillit servir de repas à un énorme léopard de mer.

Les tentes étaient repliées pour le transport.

IL EST TEMPS DE PARTIR
Quand les explorateurs abandonnèrent le « camp de la Patience », ce n'était plus qu'un radeau de glace à la dérive.

LIBRES
Quand le « camp Océan » devint dangereux, les hommes installèrent un nouveau campement sur un autre bloc de glace flottante. Ils le baptisèrent « camp de la Patience », car ils étaient obligés d'attendre que la glace se brise pour être libérés. Enfin, au bout de trois mois et demi, la banquise se fissura et les explorateurs s'empressèrent de mettre leurs canots à l'eau.

12 avril 1916
LA FUITE
En quittant le « camp de la Patience », les canots furent bombardés de fientes d'oiseaux. Ce fut le début d'une difficile traversée de six jours, jusqu'à l'île Éléphant.

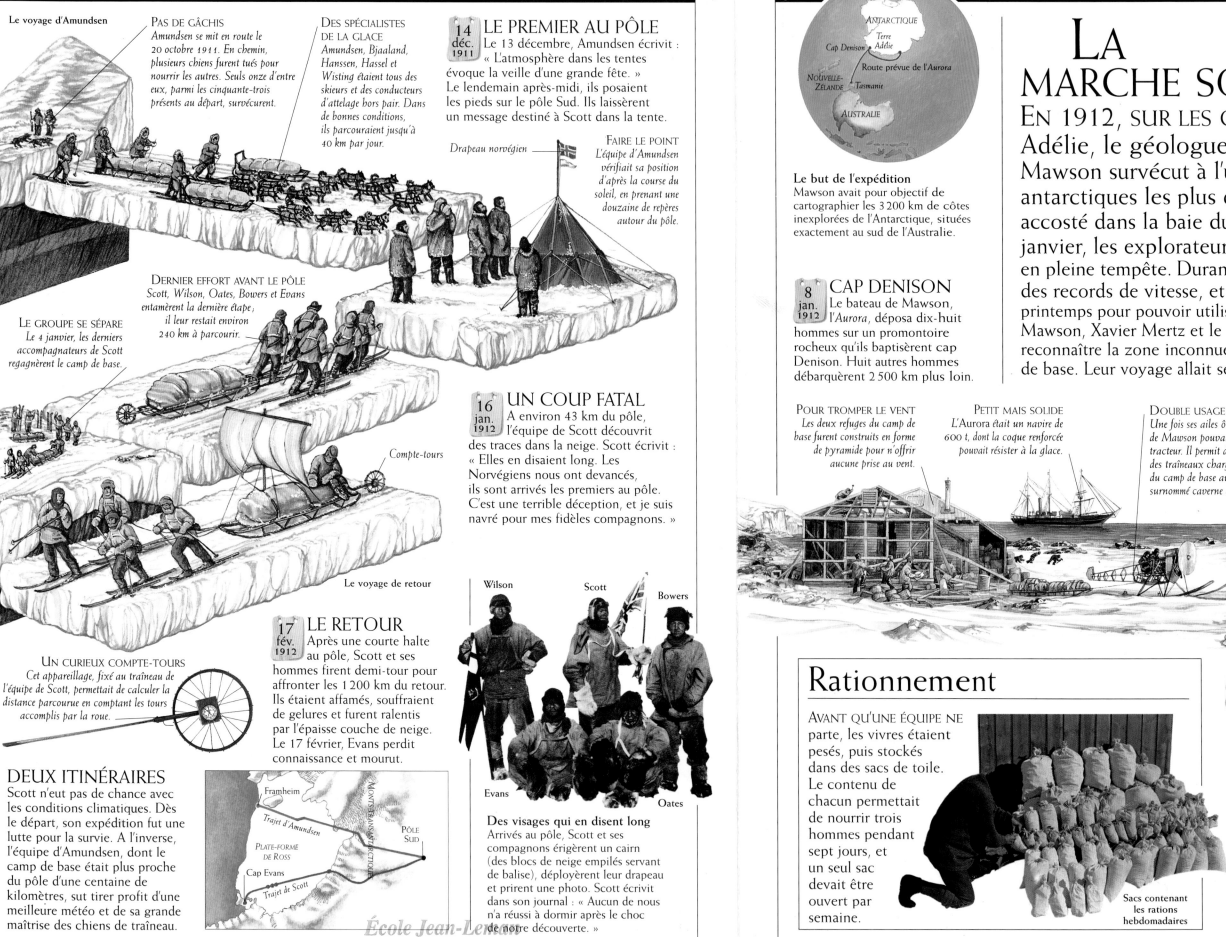

Le voyage d'Amundsen

PAS DE GÂCHIS
Amundsen se mit en route le 20 octobre 1911. En chemin, plusieurs chiens furent tués pour nourrir les autres. Seuls onze d'entre eux, parmi les cinquante-trois présents au départ, survécurent.

DES SPÉCIALISTES DE LA GLACE
Amundsen, Bjaaland, Hanssen, Hassel et Wisting étaient tous des skieurs et des conducteurs d'attelage hors pair. Dans de bonnes conditions, ils parcouraient jusqu'à 40 km par jour.

14 déc. 1911 — LE PREMIER AU PÔLE
Le 13 décembre, Amundsen écrivit : « L'atmosphère dans les tentes évoque la veille d'une grande fête. » Le lendemain après-midi, ils posaient les pieds sur le pôle Sud. Ils laissèrent un message destiné à Scott dans la tente.

Drapeau norvégien

FAIRE LE POINT
L'équipe d'Amundsen vérifiait sa position d'après la course du soleil, en prenant une douzaine de repères autour du pôle.

DERNIER EFFORT AVANT LE PÔLE
Scott, Wilson, Oates, Bowers et Evans entamèrent la dernière étape ; il leur restait environ 240 km à parcourir.

LE GROUPE SE SÉPARE
Le 4 janvier, les derniers accompagnateurs de Scott regagnèrent le camp de base.

16 jan. 1912 — UN COUP FATAL
A environ 43 km du pôle, l'équipe de Scott découvrit des traces dans la neige. Scott écrivit : « Elles en disaient long. Les Norvégiens nous ont devancés, ils sont arrivés les premiers au pôle. C'est une terrible déception, et je suis navré pour mes fidèles compagnons. »

Compte-tours

Le voyage de retour

UN CURIEUX COMPTE-TOURS
Cet appareillage, fixé au traîneau de l'équipe de Scott, permettait de calculer la distance parcourue en comptant les tours accomplis par la roue.

17 fév. 1912 — LE RETOUR
Après une courte halte au pôle, Scott et ses hommes firent demi-tour pour affronter les 1 200 km du retour. Ils étaient affamés, souffraient de gelures et furent ralentis par l'épaisse couche de neige. Le 17 février, Evans perdit connaissance et mourut.

DEUX ITINÉRAIRES
Scott n'eut pas de chance avec les conditions climatiques. Dès le départ, son expédition fut une lutte pour la survie. A l'inverse, l'équipe d'Amundsen, dont le camp de base était plus proche du pôle d'une centaine de kilomètres, sut tirer profit d'une meilleure météo et de sa grande maîtrise des chiens de traîneau.

Framheim
Trajet d'Amundsen
MONTS TRANSANTARCTIQUES
PLATE-FORME DE ROSS
PÔLE SUD
Cap Evans
Trajet de Scott

Wilson — Scott — Bowers
Evans — Oates

Des visages qui en disent long
Arrivés au pôle, Scott et ses compagnons érigèrent un cairn (des blocs de neige empilés servant de balise), déployèrent leur drapeau et prirent une photo. Scott écrivit dans son journal : « Aucun de nous n'a réussi à dormir après le choc de notre découverte. »

ANTARCTIQUE
Terre Adélie
Cap Denison
Route prévue de l'Aurora
NOUVELLE-ZÉLANDE
Tasmanie
AUSTRALIE

LA MARCHE SOLITAIRE

EN 1912, SUR LES CÔTES DE LA TERRE Adélie, le géologue australien Douglas Mawson survécut à l'une des expéditions antarctiques les plus désastreuses. Ayant accosté dans la baie du Commonwealth en janvier, les explorateurs bâtirent leur refuge en pleine tempête. Durant l'hiver, les vents battirent des records de vitesse, et il leur fallut attendre le printemps pour pouvoir utiliser les traîneaux. En novembre, Mawson, Xavier Mertz et le lieutenant Ninnis partirent reconnaître la zone inconnue située à l'est de leur camp de base. Leur voyage allait se transformer en cauchemar.

Le but de l'expédition
Mawson avait pour objectif de cartographier les 3 200 km de côtes inexplorées de l'Antarctique, situées exactement au sud de l'Australie.

8 jan. 1912 — CAP DENISON
Le bateau de Mawson, l'*Aurora*, déposa dix-huit hommes sur un promontoire rocheux qu'ils baptisèrent cap Denison. Huit autres hommes débarquèrent 2 500 km plus loin.

POUR TROMPER LE VENT
Les deux refuges du camp de base furent construits en forme de pyramide pour n'offrir aucune prise au vent.

PETIT MAIS SOLIDE
L'Aurora était un navire de 600 t, dont la coque renforcée pouvait résister à la glace.

DOUBLE USAGE
Une fois ses ailes ôtées, l'avion de Mawson pouvait servir de tracteur. Il permit de remorquer des traîneaux chargés de vivres, du camp de base au dépôt, surnommé caverne d'Aladin.

Les vivres étaient souvent entassés sous un monticule de neige nommé cairn.

SOULAGEMENT !
Le 29 janvier 1913, Mawson trouva un cairn contenant des vivres et des indications pour atteindre la caverne d'Aladin.

Rationnement

AVANT QU'UNE ÉQUIPE NE parte, les vivres étaient pesés, puis stockés dans des sacs de toile. Le contenu de chacun permettait de nourrir trois hommes pendant sept jours, et un seul sac devait être ouvert par semaine.

Sacs contenant les rations hebdomadaires

1er fév. 1913 — ENFIN LA CAVERNE !
Les vivres laissés par l'équipe de secours dans le cairn sauvèrent la vie de Mawson qui put atteindre la caverne d'Aladin juste à temps. Il y resta bloqué par le blizzard pendant une semaine. Une accalmie lui permit de parcourir les derniers kilomètres jusqu'au camp de base. L'*Aurora* venait de lever l'ancre, mais six hommes étaient restés sur place pour l'attendre.

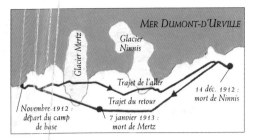

MER DUMONT-D'URVILLE

Glacier Mertz
Glacier Ninnis

Trajet de l'aller
Trajet du retour

14 déc. 1912 : mort de Ninnis

Novembre 1912 : départ du camp de base

7 janvier 1913 : mort de Mertz

SÉPARATION

Six équipes d'explorateurs quittèrent le campement principal. Deux partirent vers le sud, une autre vers l'ouest, les trois dernières, parmi lesquelles celle de Mawson, mirent le cap vers l'est.

«Premières» technologiques

MAWSON UTILISA les nouvelles technologies de son temps. Il fut le premier, en effet, à se rendre dans l'Antarctique en avion, et le premier également à emporter des postes émetteurs.

Station radio du bout du monde
En utilisant un relais (à droite) sur l'île Macquarie, à environ 1 400 km au sud de la Tasmanie, l'expédition put envoyer des messages en Australie.

10 nov. 1912 EN ROUTE

Mawson, Mertz et Ninnis partirent explorer le territoire situé à l'est. Un homme marchait en tête pour choisir la route et encourager les chiens. Il était suivi par une équipe qui remorquait deux traîneaux légers. Le dernier traîneau était tiré par le troisième groupe.

AU BORD DU GOUFFRE
Durant la traversée du glacier Mertz, les explorateurs furent retardés plusieurs fois, lorsque des chiens ou des traîneaux manquèrent de tomber dans des crevasses.

UNE PROGRESSION DIFFICILE
Le glacier Ninnis était une vaste étendue de glace, de crevasses et de grands murs de neige dure nommés sastrugi.

14 déc. 1912 LE DRAME

Les hommes étaient à plus de 500 km du camp de base quand le pont de neige qui enjambait une profonde crevasse céda au passage du dernier traîneau. Mawson et Mertz se retournèrent ; Ninnis, ses chiens et le traîneau avaient disparu.

DERNIÈRES FORCES
Quand Mawson tomba, à son tour, dans une crevasse, il n'avait presque plus assez de forces pour remonter. Finalement, il confectionna une échelle de corde qu'il attacha à son traîneau.

RETOUR SOLITAIRE
Mawson enterra Mertz sous un cairn de neige. Il coupa son traîneau en deux à l'aide d'un simple canif, pour s'alléger, et il poursuivit son chemin.

Quand Mertz tomba malade, Mawson le transporta sur le traîneau.

Ninnis et les chiens tombèrent au fond d'une crevasse.

« Pendant des heures, je suis resté dans mon sac de couchage, en songeant à tout ce que je laissais derrière moi et à mes chances de survie. J'avais le sentiment d'être seul. »

Sir Douglas Mawson dans son livre « La Maison du blizzard », 1915

Double tragédie
Mawson et Mertz entreprirent le voyage du retour avec une tente de fortune et quelques vivres. Après avoir nourri les chiens avec de vieux gants en peau de phoque, ils les tuèrent pour les manger quand ceux-ci furent trop faibles pour continuer. Mais les deux hommes faiblissaient, eux aussi. Le 7 janvier 1913, Mertz mourut dans son sommeil.

Une perte douloureuse
Pendant des heures, Mawson et Mertz lancèrent des appels dans la crevasse où Ninnis avait disparu. En vain. Avec leur ami, ils avaient aussi perdu leur tente et la plupart de leurs vivres.

L'ÎLE ÉLÉPHANT

18 avril 1916

Après six jours en mer, les explorateurs accostèrent péniblement sur une petite plage rocailleuse de l'île Eléphant. C'était la première fois qu'ils posaient les pieds sur la terre ferme depuis qu'ils avaient quitté la Géorgie du Sud, seize mois plus tôt. Ils étaient trempés jusqu'aux os et affamés, mais toujours en vie.

Un abri douillet

Les hommes construisirent un refuge avec deux canots renversés sur des murets de pierre. A l'intérieur, ils étaient « serrés comme des sardines » mais, sur cette île, ils avaient de l'eau potable ; les éléphants de mer et les pingouins fournissaient la nourriture et le combustible.

Rester groupés

Lors de la traversée mouvementée jusqu'à l'île Eléphant, les équipages des trois canots – *Stancomb Wills*, *Dudley Docker* et *James Caird* – luttèrent de toutes leurs forces pour ne pas se trouver séparés.
A tout moment, les embarcations pouvaient être submergées par une vague gigantesque.

ADIEUX

24 avril 1916

Six jours après son arrivée à l'île Eléphant, Shackleton s'embarqua à bord d'un canot de 6 m, le *James Caird*, avec cinq compagnons. Les secours les plus proches se trouvaient à 1 300 km de là, dans les stations baleinières de Géorgie du Sud. Les explorateurs devaient tenter de les atteindre. Le charpentier du bateau confectionna pour cette embarcation un pont de bois et de toile sous lequel les hommes pouvaient se glisser pour se protéger du vent et des embruns. Ils emportèrent des vivres pour un mois et deux tonneaux d'eau potable.

L'attente

Les hommes restés sur l'île Eléphant affrontèrent, eux aussi, de dures épreuves. Quand les phoques et les pingouins quittèrent l'île à la fin de l'été, leurs stocks de nourriture et de combustible s'épuisèrent. Finalement, ils furent contraints de manger des algues, des berniques et de la soupe faite à base d'os de phoque bouillis. Il leur restait moins de deux jours de vivres quand Shackleton arriva, à bord du *Yelcho*, pour les secourir.

TOUS EN MER

Durant le trajet de retour à travers la banquise, les hommes dormirent dans les canots. Parfois, un gros bloc de glace offrait un endroit stable au cuisinier pour préparer un repas chaud.

UNE TRAVERSÉE AGITÉE

Pendant dix-sept jours, les hommes du
James Caird prirent des quarts, trois par trois.
Ceux qui n'étaient pas de service essayaient
de se reposer dans l'espace exigu
et mouillé situé sous le pont.

*TEMPÊTE EN MER
Quand le vent retomba,
les hommes luttèrent
pour briser les pellicules
de glace qui menaçaient
de faire chavirer
le bateau.*

*IL FAUT ÉCOPER
Durant un grain, le canot fut
quasiment englouti par la plus
grosse vague qu'ils aient jamais
vue, et l'ancre flottante se détacha.*

*L'ancre flottante était faite
de trois rames assemblées et
d'un bout de toile.*

*Vincent et Mac Neish étaient trop
épuisés pour voyager; Mac Carty
resta donc avec eux, pendant que
les trois autres tentaient de
traverser les montagnes.*

*Shackleton se servit
d'une hache pour tailler
des marches dans
la glace.*

L'INCROYABLE VOYAGE

En dépit des violentes tempêtes qui
faillirent faire sombrer leur canot, les six
hommes atteignirent la Géorgie du Sud
en dix-sept jours. Hélas! ils avaient
débarqué du mauvais côté de l'île. Entre
eux et la station baleinière se dressait une
chaîne de montagnes qui n'avait jamais
été franchie. Munis seulement de trois
jours de vivres et d'une corde, Worsley,
Shackleton et Crean traversèrent
les montagnes en trente-six heures.

ARRIVÉE BRUTALE

20 mai 1916
Accrochés les uns aux autres,
les trois hommes dévalèrent
une pente menant tout droit à
la civilisation. Quelques instants
plus tard, ils atteignaient en
titubant la station baleinière
de Stromness. Ils avaient réussi!

Tous sains et saufs
Le 25 août 1916, après quatre échecs,
le bateau chilien *Yelcho* récupéra les
compagnons de Shackleton sur l'île
Éléphant. Aucun homme ne trouva
la mort durant cette expédition.

31

LE SURVOL DES PÔLES

Le ballon de Scott
En 1902, l'Anglais Robert Scott s'éleva de 180 m au-dessus de la plate-forme de Ross, dans un ballon gonflé à l'hydrogène. A cette hauteur, il découvrit les sommets et les glaciers des monts transantarctiques, qui se dressaient entre lui et le pôle.

DANS LES ANNÉES 1920, LE TRANSPORT aérien commença à être utilisé par les explorateurs polaires. Les avions et les dirigeables, élaborés durant la Première Guerre mondiale, offraient aux explorateurs un moyen idéal pour cartographier les régions polaires. En 1926, les Américains Richard E. Byrd et Floyd Bennett survolèrent le pôle Nord à bord d'un monoplan. Plus tard, la même année, l'Italien Umberto Nobile renouvela l'exploit à bord du dirigeable *Norge*. En 1928, l'Australien Hubert Wilkins effectua les premiers vols dans l'Antarctique et Richard Byrd survola le pôle Sud. En 1935, un autre Américain, Lincoln Ellsworth, réalisa le premier vol transantarctique.

GROENLAND

TOUT ÉQUIPÉ
Les avions Dornier Wal possédaient des moteurs Rolls-Royce de 360 ch et les derniers équipements en matière de navigation. Ces avions coûtèrent 85 000 dollars à Ellsworth.

Dispositif pour mesurer la vitesse du vent

« Là, devant nous, à seulement quelques mètres, se dressait un monticule de glace de 7 mètres de haut. On fonçait droit dessus. »

Roald Amundsen
dans son livre
« Ma vie d'explorateur », 1927

TOUT PRÈS DU BUT
En 1925, Roald Amundsen (à gauche) et Lincoln Ellsworth tentèrent d'atteindre le pôle Nord à bord de deux hydravions Dornier. Ils arrivèrent à 220 km du pôle, atterrirent sur une étendue d'eau, abandonnèrent un des appareils et repartirent avec l'autre.

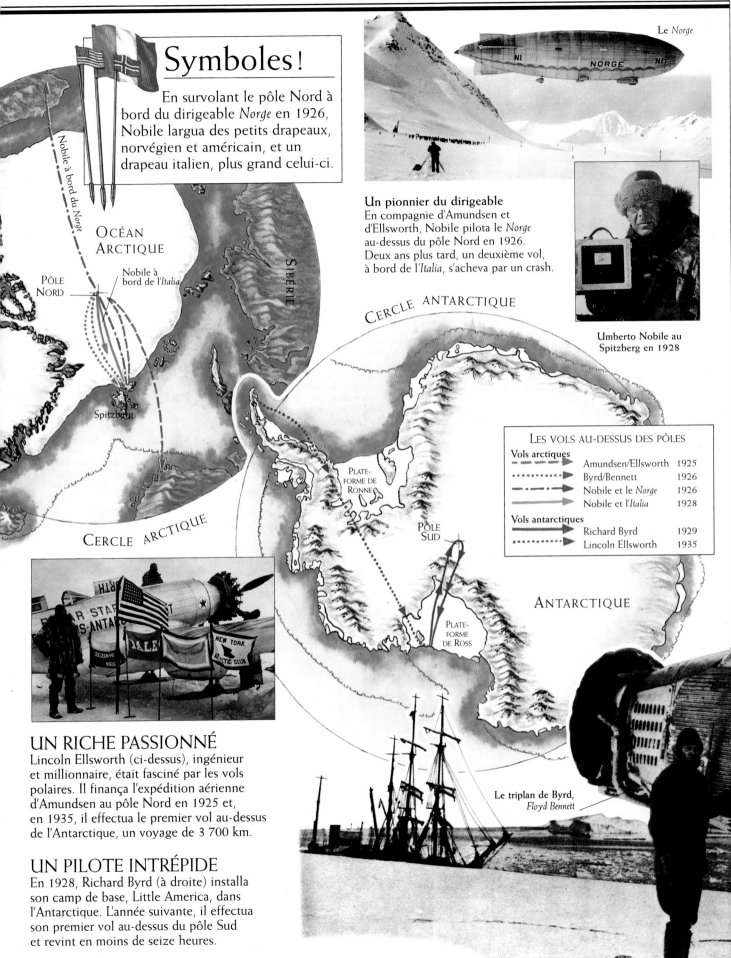

Le *Norge*

Symboles!

En survolant le pôle Nord à bord du dirigeable *Norge* en 1926, Nobile largua des petits drapeaux, norvégien et américain, et un drapeau italien, plus grand celui-ci.

Nobile à bord du Norge

OCÉAN ARCTIQUE

SIBÉRIE

PÔLE NORD

Nobile à bord de l'*Italia*

Spitzberg

CERCLE ARCTIQUE

Un pionnier du dirigeable
En compagnie d'Amundsen et d'Ellsworth, Nobile pilota le *Norge* au-dessus du pôle Nord en 1926. Deux ans plus tard, un deuxième vol, à bord de l'*Italia*, s'acheva par un crash.

CERCLE ANTARCTIQUE

Umberto Nobile au Spitzberg en 1928

PLATE-FORME DE RONNE

PÔLE SUD

PLATE-FORME DE ROSS

LES VOLS AU-DESSUS DES PÔLES

Vols arctiques

Amundsen/Ellsworth 1925
Byrd/Bennett 1926
Nobile et le *Norge* 1926
Nobile et l'*Italia* 1928

Vols antarctiques

Richard Byrd 1929
Lincoln Ellsworth 1935

ANTARCTIQUE

UN RICHE PASSIONNÉ

Lincoln Ellsworth (ci-dessus), ingénieur et millionnaire, était fasciné par les vols polaires. Il finança l'expédition aérienne d'Amundsen au pôle Nord en 1925 et, en 1935, il effectua le premier vol au-dessus de l'Antarctique, un voyage de 3 700 km.

UN PILOTE INTRÉPIDE

En 1928, Richard Byrd (à droite) installa son camp de base, Little America, dans l'Antarctique. L'année suivante, il effectua son premier vol au-dessus du pôle Sud et revint en moins de seize heures.

Le triplan de Byrd, *Floyd Bennett*

Scientifique de la base néo-zélandaise de Scott sur l'île de Ross, dans l'Antarctique. Eté 1995

Des ballons gonflés à l'hydrogène permettent aux météorologues de calculer la vitesse et la direction du vent.

L'ère scientifique

Un théodolite spécial (un instrument de mesures) suit le ballon et enregistre les données dans un ordinateur intégré.

La technologie a considérablement modifié la vie dans les régions polaires. De nos jours, les scientifiques installés aux pôles vivent dans des habitations chauffées; ils contactent leurs familles par satellite et se déplacent à l'aide de luges motorisées et d'avions légers.

UN CONTINENT POUR LA SCIENCE

EN 1957-1958, LE GÉOLOGUE VIVIAN Fuchs conduisit la première expédition qui traversa avec succès l'Antarctique, *via* le pôle Sud. Les explorateurs utilisèrent des véhicules à chenilles, ainsi que des chiens de traîneau ; des avions déposèrent des vivres et du carburant à des points de ravitaillement disposés le long de l'itinéraire. Fuchs conduisit la première équipe par voie de terre, en partant de la mer de Weddell. Edmund Hillary, vainqueur de l'Everest en 1953, traversa, quant à lui, le plateau polaire en partant de la mer de Ross. Quand les deux équipes se rejoignirent pour atteindre le camp de base d'Hillary, ils réalisèrent le rêve d'Ernest Shackleton : traverser l'Antarctique (p. 28).

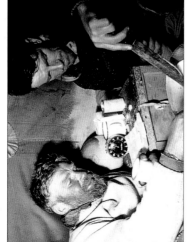

Fuchs et Hillary
L'Anglais Vivian Fuchs (à gauche) et le Néo-Zélandais Edmund Hillary préparent le dîner sous leur tente. Une boîte de rations offre une table bien pratique pour leurs affaires et leurs journaux de bord. Les visages des deux hommes sont brûlés par le soleil et la réverbération intense sur la glace et la neige.

GLACE DU SUD
Le jour de Noël de 1957, l'équipe partit du camp avancé baptisé « Glace du sud », installé à 480 km des côtes. Les éléments du refuge, de carburant et les tonnes de vivres, et de matériel avaient été déposés par avion un peu plus tôt.

Le refuge était construit dans un trou, et la neige pouvait s'amonceler sur le toit.

Bulldozer des neiges

Le monomoteur Otter effectua vingt vols jusqu'au camp « Glace du sud », en transportant à chaque fois une tonne de vivres.

« Glace du sud »

Itinéraire de Fuchs à travers le continent

Plateau polaire

À MI-CHEMIN
L'équipe de Fuchs passa quatre jours au Dépôt 700 à la base américaine Amundsen-Scott au pôle Sud, le temps de réviser les tracteurs pour la deuxième partie du voyage.

Dépôt 700

Soubassement

Glace

Itinéraire d'Hillary, de la base Scott au plateau polaire.

LA RENCONTRE
Hillary se rendit en avion au Dépôt 700 afin de rejoindre Fuchs pour accomplir le trajet jusqu'à la base Scott. Fuchs avait déjà parcouru 840 km en quinze jours, en partant du pôle. Il était maintenant à 2 296 km de la base Shackleton ; il lui restait 1 130 km à parcourir.

« Alors que notre équipe progressait vers le pôle, je regardai derrière moi et songeai que notre convoi formait un magnifique spectacle : les Cats (bulldozers) et les Weasel (tracteurs) orange, ainsi que les traîneaux chargés de matériel, sur lesquels flottaient des drapeaux de toutes les couleurs. »

Sir Vivian Fuchs dans son livre « La Traversée de l'Antarctique », 1958

Radar installé sur une aile de l'avion

LA BASE SCOTT

Hillary installa son camp de base, baptisé Scott, à Pram Point sur l'île de Ross. Une fois le matériel et les vivres déchargés, des dépôts de carburant furent répartis tout au long de la route que devait suivre l'équipe de Fuchs pour atteindre le pôle.

L'AGI en Antarctique

Douze nations occupèrent des bases scientifiques en Antarctique pendant l'AGI : l'Afrique du Sud, l'Argentine, l'Australie, la Belgique, le Chili, les États-Unis, la France, le Japon, la Norvège, la Nouvelle-Zélande, le Royaume-Uni et l'URSS.

Au cœur de la glace

L'expédition menée par Fuchs mesura l'épaisseur de la glace en faisant sauter des explosifs placés à l'intérieur de celle-ci et en enregistrant l'écho. Les méthodes plus modernes utilisent des radars aériens (à droite).

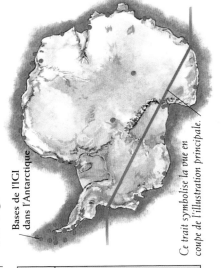

Bases de l'IGI dans l'Antarctique

Ce trait symbolise la vue en coupe de l'illustration principale.

Véhicules et équipement sur la base Scott

TRACTEUR
Les tracteurs d'Hillary, des Ferguson modifiés, transportèrent des tonnes de vivres et de carburant jusqu'aux dépôts disposés sur le plateau.

BRISE-GLACE

Le brise-glace américain *Glacier* ouvrit un chenal à travers la glace, afin que le navire de ravitaillement néo-zélandais *Endeavour* puisse s'approcher suffisamment près du continent pour décharger les vivres et les tracteurs.

À chacun sa tâche

Tandis que les « hommes du dehors » fixent les tentes et attachent traîneaux et matériel, les « hommes de l'intérieur » déplient les sacs de couchage et allument les poêles.

BASE SHACKLETON
Fuchs baptisa son camp de base du nom de Shackleton, qui avait tenté, sans succès, de traverser l'Antarctique (p. 28).

SUR, SOUS ET AU MILIEU DES GLACES

LE 3 AOÛT 1958, LE *NAUTILUS* FUT LE PREMIER sous-marin à atteindre le pôle Nord en naviguant sous la mer de glace de l'Arctique. En mars 1959, le *Skate* fit mieux encore. Utilisant un radar pour localiser un point faible dans la calotte glaciaire, le sous-marin nucléaire américain refit surface à proximité du pôle, creva la glace et, grande première pour un sous-marin, se posa à la surface de l'Arctique. Des navires l'imitèrent rapidement. En 1977, le brise-glace russe *Arktika* atteignit le pôle Nord, en se frayant un passage à travers un mur de glace mesurant, par endroits, 4 m d'épaisseur.

DRÔLE DE RENCONTRE
L'Arctique regorge de surprises. Quand le *Skate* refit surface au pôle en 1959, la première chose que vit la vigie fut un ours polaire!

EST-CE UNE FUSÉE ?
Le *Billfish* américain, qui ressemble plus à un engin spatial qu'à un sous-marin, fait surface près du pôle Nord en 1987. Le kiosque de timonerie (poste de vigie qui contient les périscopes) transperce la glace avec son empennage qui pointe vers le ciel.

EXAMEN DE L'EMPENNAGE
Les stabilisateurs d'assiette du kiosque de timonerie sont placés verticalement afin de traverser la couche de glace.

Les ingénieurs du sous-marin vérifient le bon état de l'empennage.

UNE VUE D'ENSEMBLE
Dans les régions polaires, les navigateurs reçoivent par satellite des images qui les aident à s'orienter à travers la banquise.

Radars scanners

Etrave renforcée

Briser la glace

LES BRISE-GLACE possèdent une proue spéciale qui leur permet de grimper sur la banquise. Grâce à son poids énorme, le bateau casse ensuite la glace pour ouvrir un passage.

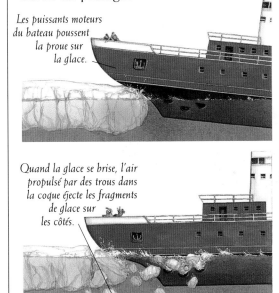

Les puissants moteurs du bateau poussent la proue sur la glace.

Quand la glace se brise, l'air propulsé par des trous dans la coque éjecte les fragments de glace sur les côtés.

DROIT DEVANT

Les plus gros brise-glace, comme le bâtiment russe *Sovetskity Soyuz* (ci-dessus), peuvent avancer à vitesse constante à travers une couche de glace mesurant plus de 2 m d'épaisseur et briser des murs de 7 m en prenant de l'élan pour foncer dans l'obstacle. Les brise-glaces aident souvent les bateaux des équipes de secours à franchir d'épais blocs de glace, aussi bien dans l'Arctique que dans l'Antarctique.

VACANCES SUR LA BANQUISE

Des touristes à bord d'un brise-glace russe (à gauche) font des signes à des amis qui effectuent une promenade en hélicoptère, tandis que leur bateau se fraie un chemin à travers la banquise. Près de dix mille touristes visitent l'Antarctique chaque année.

DES SCIENTIFIQUES PEU FRILEUX

Les biologistes qui étudient les fonds marins sont souvent obligés de plonger très profondément sous les glaces flottantes, afin d'observer les poissons, les créatures marines et la végétation des mers polaires.

Sur les traces de Shackleton
En 1994, Trevor Potts conduisit une expédition anglaise de quatre personnes qui parvint à relier l'île Eléphant à la Géorgie du Sud, dans l'Atlantique Sud, à bord d'une réplique du *James Caird*, le canot de Shackleton (p. 30).

« L'homme a traversé les déserts et escaladé les plus hautes montagnes… il ne lui reste qu'un seul défi : la traversée du sommet du monde. »

Wally Herbert dans son livre « A travers le sommet du monde », 1969

À LA RECHERCHE DES DIFFICULTÉS

POUR CERTAINS EXPLORATEURS, HOMMES ou femmes, accomplir un dangereux et épuisant périple dans un paysage sauvage, de glace et de neige, ne suffit pas. Pour eux, le défi consiste à réaliser cet exploit avec le minimum d'assistance. Quelques-uns se déplacent en traîneau ou à pied, par groupes de deux ou trois. D'autres marchent jusqu'au pôle Nord ou au pôle Sud, seuls, en transportant tout ce dont ils ont besoin pour survivre sur des traîneaux qui pèsent parfois plus lourd qu'eux. En 1993, deux explorateurs ont réussi ce que beaucoup jugeaient impossible : ils ont traversé l'Antarctique en remorquant leur traîneau.

LE LONG CHEMIN
En 1989, l'Américain Will Steger et le Français Jean-Louis Etienne (à gauche) conduisirent une équipe internationale dans un voyage de 6 440 km à travers l'Antarctique.

AU SOMMET
L'explorateur britannique Wally Herbert (ci-dessus) et ses trois compagnons accomplirent la première traversée de l'océan Arctique, *via* le pôle Nord, en 1968 et 1969. Au total, ils parcoururent 5 825 km en 476 jours.

© ROYAL GEOGRAPHICAL SOCIETY
1 KENSINGTON GORE, LONDON SW7 2AR
TEL: 071-589 5466   FAX: 071-584 4447
Manhauling
Ranulph Fiennes RF 240
Antarctica Unsupported 1992-3

© ROYAL GEOGRAPHICAL SOCIETY
1 KENSINGTON GORE, LONDON SW7 2AR
TEL: 071-589 5466   FAX: 071-584 4447
Mike Stroud and Ranulph Fiennes
RF 216
Ranulph Fiennes RF 216
Antarctica Unsupported 1992-3

Contre le froid

Les vêtements polaires modernes,
légers et souples, permettent de se
mouvoir avec aisance. Des couches de
matière, séparées par de l'air, gardent
le corps au chaud. La couche extérieure
coupe le vent, mais elle « respire »,
si bien que les couches du dessous ne
sont pas mouillées par la transpiration.

- Lunettes de glacier
- Veste à fermeture Eclair
- Gilet, caleçon et sous-gants en Thermolactyl
- Chemise en laine
- Sous-pantalon chaud
- Anorak, pantalon et moufles imperméables et protégeant du vent
- Bottes et sous-bottes

L'épreuve transantarctique
La première traversée de l'Antarctique
sans aide extérieure fut réalisée par Ranulph
Fiennes et Mike Stroud (à gauche) en 1992
et 1993, durant quatre-vingt-dix-sept jours
d'endurance et de volonté. Comme si la faim,
les gelures et les cloques ne suffisaient pas,
les deux hommes durent affronter le danger
permanent des crevasses (ci-dessous).

LA PREMIÈRE FEMME

En 1994, la Norvégienne Liv Arnesen
fut la première femme à atteindre
le pôle Sud à skis et en solitaire.
Elle parcourut 1 200 km en cinquante
jours, en tirant son traîneau.

REPÈRES

- Au départ de leur périple à travers
l'Antarctique, les traîneaux de Fiennes
et de Stroud pesaient chacun 220 kg.

- En 1996-1997, l'explorateur
Polonais Marek Kaminski fut le
premier à atteindre les deux pôles
à pied en l'espace d'une année.

VICTOIRE !

Les Norvégiens Odd
Harald Hauge, Cato
Zahl Pedersen et Lars
Ebbesen célèbrent leur
réussite après avoir
atteint le point le plus
au sud du globe, à skis,
le 29 décembre 1994.

TRAVAILLER DANS L'ANTARCTIQUE

L'ANTARCTIQUE NE POSSÈDE PAS DE population indigène. Les seuls êtres humains qui vivent sur ce continent sont les dix mille scientifiques et techniciens qui font fonctionner les stations de recherche, en été, et les milliers de touristes qui viennent là en bateau pour admirer la vie animale et les paysages spectaculaires. Ces stations, comme la station britannique Halley, que l'on voit ici, sont de véritables communautés autonomes. Durant l'été, des équipes se déplacent en avion, tracteur ou motoneige pour étudier les formations rocheuses et les glaciers. Durant les durs mois d'hiver, l'Antarctique est presque désert. Moins de mille personnes restent sur les bases.

STATION AU PÔLE SUD
La station américaine Amundsen-Scott, au pôle Sud, est située à 2 800 m au-dessus du niveau de la mer. Tout autour sont plantés les drapeaux des vingt-six nations ayant signé le traité de l'Antarctique.

DÉCHARGEMENT
La station Halley est ravitaillée en vivres, carburant, matériel scientifique et médical par bateau, une fois par an.

UN LONG TRANSPORT
Les caisses doivent être transportées par tracteur, sur la banquise, du quai de déchargement à la base scientifique installée à 15 km à l'intérieur des terres.

Radars du PACE

Un réservoir utilise la chaleur dégagée par les générateurs pour obtenir de l'eau en faisant fondre de la neige.

LE PROJET « PACE »
Cette gigantesque installation de radars permet aux scientifiques d'étudier l'espace sur plus de 3 millions de km², au-dessus du pôle Sud.

Bâtiment d'analyses de la glace et du climat

Antenne de communications

GLACE ET CLIMAT
Un bâtiment spécial abrite les laboratoires d'analyses de la glace, du climat et de l'atmosphère. Certains scientifiques étudient les systèmes climatiques des basses pressions ; d'autres utilisent des radars pour observer les conditions atmosphériques à plus de 100 km de la surface de la terre.

Générateurs

Durant les violentes tempêtes de neige, les scientifiques peuvent rejoindre le bâtiment des analyses climatologiques, ainsi que tous les autres bâtiments environnants, en empruntant des galeries qui les relient au complexe principal.

Ravitaillement

LA STATION américaine Amundsen-Scott, installée au pôle Sud, est si éloignée que le personnel qui y réside, l'hiver, ne peut compter que sur les avions pour être ravitaillé.

Pas de temps à perdre
Les cargaisons sont déchargées et acheminées le plus vite possible, avant que les conditions météorologiques ne changent.

LUMIÈRES AUSTRALES

L'aurore australe, visible dans l'Antarctique, est créée par des particules chargées électriquement, venues du soleil, qui entrent en collision avec des atomes de gaz présents dans l'atmosphère. On peut observer un phénomène semblable, baptisé aurore boréale, dans le ciel de l'Arctique.

LA STATION HALLEY

La plus moderne des cinq bases britanniques d'observation de l'Antarctique a été baptisée Halley. Elle est spécialisée dans l'étude des conditions atmosphériques et climatiques.

LA RECHERCHE MÉDICALE
Les médecins présents dans l'Antarctique étudient la façon dont le corps humain réagit au froid, au stress, aux longues périodes sans soleil et aux changements de régime alimentaire.

UN GARAGE SUR SKIS
Ce garage de 18 m et de 50 t est monté sur des skis ! Chaque été, on le tracte sur un monticule de neige pour que les portes puissent s'ouvrir librement.

Zone de communications

Tracteur

Cuisine et garde-manger

Zones de loisirs

UN SYSTÈME DE VÉRINS
Chaque bâtiment de la station Halley repose sur une plate-forme métallique installée à 4 m au-dessus du sol, grâce à des vérins mécaniques.

Ballon météorologique

Skidoo (luge motorisée)

Bulldozer à chenilles muni d'un chasse-neige

SE MAINTENIR EN FORME
Un gymnase très bien équipé permet au personnel d'entretenir sa condition physique, surtout l'hiver, quand les tempêtes de neige interdisent les activités en plein air.

BALLON-SONDE

Des ballons gonflés à l'hydrogène, suivis par radar, permettent aux scientifiques d'étudier les vents au-dessus de la surface de la terre.

LA VIE QUOTIDIENNE

Le bâtiment résidentiel abrite les salles des générateurs, un centre de communications, le bureau de la base, une salle d'ordinateurs, le réfectoire, la cuisine, le salon, la bibliothèque et vingt dortoirs.

REPÈRES

- Dix-huit pays occupent des stations dans l'Antarctique.

- Le traité de l'Antarctique, signé en 1961, établit que le continent est réservé aux expériences scientifiques à l'exclusion des fins militaires ou industrielles.

- Le traité a instauré des règles écologiques strictes visant à protéger la flore et la faune.

TOUT SUR LES PÔLES

L es régions polaires sont des lieux fascinants pour les scientifiques. Les physiciens qui étudient l'atmosphère terrestre observent le « trou » dans la couche d'ozone grâce aux stations basées dans l'Antarctique. Les géologues ont découvert des fossiles qui montrent de quelle manière les continents se sont déplacés. Des glaciologues ont pu établir la chronologie des ères glaciaires et, chaque année, on en apprend un peu plus sur le réchauffement de la planète, à partir de la mer de glace, des océans et des glaciers.

Gros bloc de glace flottant librement sur l'eau

Masse de fragments de glace brisée et à demi fondue

Le langage de la glace
Les glaciologues (savants qui étudient les glaciers et les calottes glaciaires) possèdent des mots particuliers pour désigner certaines formations glaciaires. Cette photo montre quelques-uns des aspects que peut prendre la glace sur une côte typique de l'Antarctique.

Parfois, une plaque de glace se retrouve soulevée et glisse sur une autre.

Quand deux blocs de glace entrent en collision, il se forme ce genre de crête.

Le magnétisme terrestre
La terre est entourée d'un champ magnétique invisible, comme si elle renfermait un énorme aimant. Ce phénomène est provoqué par les mouvements des roches en fusion, riches en fer, du noyau de la terre. Les lignes de force magnétiques convergent au pôle Nord et au pôle Sud magnétiques.

L'aiguille d'une boussole s'alignera toujours sur les lignes de force magnétiques, où que vous soyez à la surface du globe.

Aux pôles Nord et Sud magnétiques, l'aiguille de la boussole pointe vers le bas.

Pôle Sud magnétique

Aimant imaginaire

Les pôles mouvants
Le champ magnétique de la terre se modifie lentement, comme si l'aimant imaginaire placé à l'intérieur se déplaçait. Résultat, les pôles magnétiques bougent. James Clark Ross (p. 12) avait localisé le pôle Sud magnétique très loin à l'intérieur du continent. Aujourd'hui, il se trouve dans la mer, au large des côtes de la terre Adélie.

PÔLE NORD MAGNÉTIQUE EN 1831

PÔLE NORD MAGNÉTIQUE AUJOURD'HUI

Les scientifiques ont calculé les mouvements du pôle Nord magnétique sur plusieurs années. Il est situé actuellement près de l'île d'Ellef Ringnes, au Canada, à 1 400 km du véritable pôle Nord.

L'albédo
L'albédo est la fraction de lumière reçue que réfléchit un corps non lumineux. La terre et l'herbe ne reflètent que 10 % des rayons du soleil, tandis que la neige et la glace en renvoient 90 %. Voilà pourquoi les coups de soleil et la cécité des neiges constituent deux dangers aux pôles.

La terre ne reflète que 10 % des rayons du soleil, soit un albédo de 0,1 (faible luminosité).

La neige et la glace renvoient 90 % des rayons du soleil, soit un albédo égal à 0,9 (forte luminosité).

Chronologie L'échelle (ci-dessous) symbolise le temps écoulé depuis la formation de la terre. Nous savons très peu de chose sur les quatre premiers milliards d'années, mais les scientifiques ont réussi à reconstituer le déroulement des dernières centaines de millions d'années, grâce à des fossiles et à d'autres indices enfermés dans les entrailles de la terre.

Les icebergs symbolisent les époques glaciaires, les volcans, les grands événements géologiques, et les chiffres indiquent l'apparition des humains.

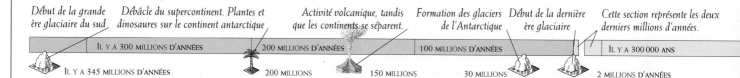

Début de la grande ère glaciaire du sud

Débâcle du supercontinent. Plantes et dinosaures sur le continent antarctique

Activité volcanique, tandis que les continents se séparent.

Formation des glaciers de l'Antarctique

Début de la dernière ère glaciaire

Cette section représente les deux derniers millions d'années.

IL Y A 300 MILLIONS D'ANNÉES — 200 MILLIONS D'ANNÉES — 100 MILLIONS D'ANNÉES — IL Y A 300 000 ANS

IL Y A 345 MILLIONS D'ANNÉES — 200 MILLIONS — 150 MILLIONS — 30 MILLIONS — 2 MILLIONS D'ANNÉES

Étendue d'eau vive le long de la côte

On appelle *fast ice* de la glace ancienne et épaisse collée aux rochers le long du rivage.

Un *frozen lead* est une surface d'eau, autrefois vive, maintenant recouverte d'une pellicule de glace bleue très claire.

Les icebergs (à gauche) doivent leurs formes aux vagues et au soleil qui les fait fondre.

ICEBERG
« AILE DE CHAUVE-SOURIS »

LA GRANDE DÉBÂCLE

Jadis, les différentes zones terrestres du globe se sont brisées et séparées, pour dériver et occuper leurs positions actuelles. La dernière grande rupture a débuté il y a 200 millions d'années, quand l'Antarctique, l'Afrique et l'Amérique du Sud se sont détachés.

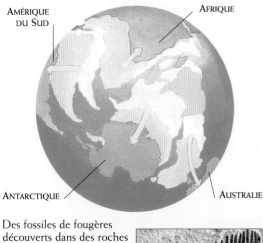

AMÉRIQUE DU SUD

AFRIQUE

ANTARCTIQUE

AUSTRALIE

Des fossiles de fougères découverts dans des roches de l'Antarctique prouvent que ce continent n'a pas toujours été aussi froid, car il était autrefois plus proche de l'équateur.

FOSSILE DE FOUGÈRE

Été et hiver polaires

DU FAIT DE L'INCLINAISON de l'axe de la terre, la quantité de soleil qui frappe la surface du globe varie d'un bout de l'année à l'autre. Quand le pôle Nord est incliné vers le soleil, c'est l'été au nord de l'équateur. Six mois plus tard, la terre a accompli la moitié de son trajet autour du soleil, le pôle Nord est penché dans l'autre sens : c'est l'hiver au nord et l'été au sud.

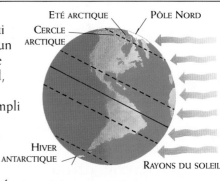

ÉTÉ ARCTIQUE
PÔLE NORD
CERCLE ARCTIQUE
HIVER ANTARCTIQUE
RAYONS DU SOLEIL

Le pays du soleil de minuit
Au cercle arctique, pendant quelques jours de l'année, le soleil ne se couche pas. Il descend vers l'horizon, puis il remonte dans le ciel.

Été boréal, hiver austral
Au pôle Nord, le soleil reste au-dessus de l'horizon durant les six mois de l'été arctique. Au même moment, le pôle Sud connaît six mois d'obscurité.

PHOTOGRAPHIE ACCÉLÉRÉE DES DIFFÉRENTES POSITIONS DU SOLEIL EN 24 HEURES

Des noyaux de glace
Chaque année, une nouvelle couche de neige recouvre la précédente, qui se transforme alors en glace. Celle-ci emprisonne de minuscules bulles d'air contenant un fragment de l'atmosphère au moment où la neige est tombée. Les couches de glace renferment aussi de la poussière de volcans, des insectes et du pollen. Les scientifiques prélèvent des échantillons de glace, ou « carottes », dont les plus longues atteignent 3 623 m de profondeur et contiennent de la glace qui a 400 000 ans.

L'EAU GÈLE EN L'AIR

VISAGE GELÉ

Glace magique
Par très basse température, de l'eau bouillante lancée en l'air explosera sous la forme d'une cascade de traînées de vapeur sifflante et de cristaux de glace. (N'essayez pas. Le phénomène ne se produit que sous les climats extrêmes, et vous risqueriez de vous ébouillanter.)

Masque de glace
Dans les régions polaires, la vapeur d'eau de la respiration se transforme en glace sur le visage. Les barbes et les moustaches se retrouvent gelées.

« CAROTTE » DE GLACE

Période de glaciation

Période de glaciation

Fin de l'ère glaciaire. Les êtres humains s'installent dans l'Arctique.

IL Y A 200 000 ANS

IL Y A 100 000 ANS

IL Y A 125 000 ANS

IL Y A 45 000 ANS

IL Y A 10 000 ANS

Qui? Où?
ET QUAND?

Voici la liste de quelques-uns des plus grands explorateurs polaires, et de leurs formidables exploits.

EXPLORATEURS DE L'ARCTIQUE

1553
Hugh Willoughby (Royaume-Uni) dirigea la première expédition anglaise pour essayer de découvrir le passage du Nord-Est. Il mourut en hivernant sur la presqu'île de Kola.

1576-1578
Martin Frobisher (Royaume-Uni) effectua trois voyages à la recherche du passage du Nord-Ouest (p. 8).

1585-1587
John Davis (Royaume-Uni) a donné son nom au détroit situé entre le Groenland et l'île de Baffin. Il découvrit également les îles Malouines en 1592 (p. 8).

VOYAGE VERS L'ARCTIQUE

1594-1597
Willem Barents (Pays-Bas) effectua trois voyages à la recherche du passage du Nord-Est (p. 9).

1607-1610
Henry Hudson (Royaume-Uni) essaya de découvrir les passages du Nord-Est et du Nord-Ouest (p. 8).

LA CHASSE AU PHOQUE

1616
William Baffin (Royaume-Uni) s'est aventuré plus profondément dans l'Arctique que quiconque auparavant. Il découvrit la baie et l'île qui portent son nom ainsi que l'île Ellesmere.

1648
Semyon Dezhnev (Russie) fut le premier à franchir le détroit entre la Russie et l'Alaska. Mais les comptes-rendus de sa découverte furent perdus, et le détroit prit le nom de Béring, le deuxième homme à le franchir.

1725-1730
Vitus Béring (Danemark) découvrit l'Alaska et explora les côtes de Sibérie (p. 9).

1818
John Ross (Royaume-Uni) pénétra dans le détroit de Lancaster en cherchant le passage du Nord-Ouest, mais il rebroussa chemin, convaincu d'être dans une impasse.

1819-1820
William E. Parry (Royaume-Uni) découvrit une partie du passage du Nord-Ouest (p. 9). Lors d'une autre expédition, il tenta d'atteindre le pôle en traversant la banquise et atteignit le point 82° 45' de latitude Nord.

1819-1822
John Franklin (Royaume-Uni) explora la côte arctique qui, par la suite, constitua une partie du passage du Nord-Ouest (p. 14).

SUR LE LAC PROSPEROUS

1820-1823
Ferdinand von Wrangel (Russie) explora les côtes de Sibérie en traîneau et découvrit une île qui porte aujourd'hui son nom.

1831
James Clark Ross (Royaume-Uni) découvrit l'emplacement du pôle Nord magnétique (p. 12).

1845-1848
John Franklin (Royaume-Uni) effectua sa dernière

AU PÔLE NORD MAGNÉTIQUE

et tragique expédition, à bord des navires l'*Erebus* et le *Terror* (L'expédition perdue, p. 14 et 15).

1875-1876
George Nares (Royaume-Uni) traversa la banquise arctique jusqu'à la latitude 83°20'.

1878-1880
Adolf Nordenskiöld (Suède) fut le premier à traverser en bateau le passage du Nord-Est, d'ouest en est (p. 8).

1879-1882
George de Long (Etats-Unis) apporta la preuve que la mer de glace arctique subissait les courants de l'océan. Son bateau, la *Jeannette*, dériva sur 500 km, pendant vingt et un mois.

1888-1896
Fridtjof Nansen (Norvège) réalisa la première traversée de la calotte glaciaire du Groenland à skis (Le voyage du *Fram*, p. 16 et 17).

1897
Salomon Andrée (Suède) (Trois hommes dans un ballon, p. 18 et 19.)

1899-1900
Luigi Amedeo (Italie) dirigea la première expédition qui hiverna dans l'Arctique.

1903-1906
Roald Amundsen (Norvège) fut le premier à franchir le passage du Nord-Ouest, à bord de son navire le *Gjoa*.

1905-1909
Robert Peary (Etats-Unis) (Au sommet du monde, p. 22 et 23.)

1913-1915
Vilkitski (Russie) effectua le premier voyage d'est en ouest en empruntant le passage du Nord-Est.

1926
Roald Amundsen (Norvège), Lincoln Ellsworth (Etats-Unis) et Umberto Nobile (Italie) réalisèrent le premier survol du pôle Nord à bord d'un dirigeable (p. 33).

1928
Umberto Nobile (Italie) atteignit le pôle Nord avec son dirigeable *Italia*, qui s'écrasa lors du voyage de retour (p. 33).

1937-1938
Ivan Papanine (Russie) installa la première station polaire dérivante au pôle Nord.

1968
Ralph Plaisted (Etats-Unis) fut le premier à atteindre

ESQUIMAU
AVEC SES CHIENS

le pôle Nord avec des motoneiges.

1968-1969
Wally Herbert (Royaume-Uni) conduisit la première expédition transarctique avec des traîneaux tirés par des chiens (p. 40).

1978
Naome Uemura (Japon) effectua le premier voyage en solitaire au pôle Nord, avec un traîneau tiré par des chiens.

1988-1992
Helen Thayer (Nouvelle-Zélande) fut la première femme à effectuer un raid en solitaire jusqu'au pôle Nord magnétique. Avec son mari, Bill, ils furent le couple le plus âgé (54 et 65 ans) à atteindre cet endroit à pied, en 1992.

Chronologie Sur l'échelle (ci-dessous) les skieurs symbolisent les premiers pas dans les régions polaires et les explorations effectuées sur la terre ou la glace. Les hydravions représentent les vols réalisés en ballon, en dirigeable ou en avion.

PARRY 1819-1820	WILKES 1838	JAMES CLARK ROSS 1842		ANDRÉE 1897
	D'URVILLE 1837			
1810	1820	1830	1840	1850	1860	1870	1880	1890	190
JOHN ROSS 1818			FRANKLIN 1846				NANSEN 1895	

EXPLORATEURS DE L'ANTARCTIQUE

1772
James Cook (Royaume-Uni) traversa le cercle antarctique avec deux bateaux, le *Resolution* et l'*Adventure* (p. 11).

UN PINGOUIN TROP FAMILIER

1819-1821
Fabian von Bellingshausen (Russie) traversa l'Antarctique en bateau (p. 10).

1820
Edward Bransfield (Royaume-Uni) cartographia une partie de la côte nord de la péninsule antarctique.

1820
Nathaniel Palmer (Etats-Unis) découvrit une partie de la péninsule antarctique et, plus tard, (1821-1822) les îles Orcades du Sud.

1823
James Weddell (Royaume-Uni) atteignit le point 74°15' de latitude sud avec le *Jane* et le *Beaufroy*, en empruntant la mer qui, en son honneur, porte maintenant son nom.

1830-1832
John Biscoe (Royaume-Uni) fut un de ces chasseurs de phoques et pêcheurs de baleines qui firent des découvertes dans l'Antarctique, en l'occurrence certaines zones de la péninsule (la terre de Graham et l'île Adélaïde).

EN ANTARCTIQUE

1837-1840
Dumont d'Urville (France) cartographia la côte nord de la terre de Graham et de ses îles, et la terre Adélie (p. 11).

1838-1842
Charles Wilkes (Etats-Unis) traça la carte d'une grande partie de la côte antarctique (p. 10).

1839-1843
James Clark Ross (Royaume-Uni) localisa le pôle Sud magnétique et effectua de nombreuses découvertes importantes dans l'Antarctique (Vers le sud par la mer de Ross, p. 12 et 13).

1898-1900
Carsten Borchgrevink (Norvège) fut un des

FOOTBALL SUR GLACE

premiers à poser le pied sur le continent antarctique, en 1895. En 1898, il y retourna en tant que chef de l'expédition britannique de la Croix du Sud.

1901-1904
Robert Falcon Scott (Royaume-Uni) hiverna à bord du *Discovery*, dans le détroit de McMurdo.

1903-1905
Jean-Baptiste Charcot (France) cartographia la côte ouest de la péninsule antarctique, puis il y retourna entre 1908 et 1910 pour chercher une route maritime conduisant au pôle Sud. Il périt noyé en 1936 dans le naufrage de son bateau lors d'une expédition au Groenland.

1907-1909
Ernest Shackleton (Royaume-Uni) et son équipe firent une tentative

pour atteindre le pôle Sud et s'en approchèrent à moins de 160 km.

1910-1912
Roald Amundsen (Norvège) (La course vers le pôle Sud, p. 24 et 25.)

1910-1912
Robert Falcon Scott (Royaume-Uni) (La course vers le pôle Sud, p. 24 et 25.)

1911-1912
Wilhelm Filchner (Allemagne) découvrit et donna son nom à une plate-forme glaciaire dans la mer de Weddell.

1911-1914
Douglas Mawson (Australie) accompagna Shackleton lors de l'expédition de 1907-1909. Il repartit en 1911-1914 en tant que responsable d'une expédition australienne (La marche solitaire, p. 26 et 27).

1914-1916
Ernest Shackleton (Royaume-Uni) (Le grand périple, p. 28 à 31.)

1921-1922
Ernest Shackleton (Royaume-Uni) mourut à bord de son bateau, le *Quest*, lors de sa dernière expédition, destinée à faire le tour de l'Antarctique.

1928-1930
Hubert Wilkins (Australie) effectua les premiers vols au-dessus de l'Antarctique.

1928-1934
Richard Byrd (Etats-Unis) survola de vastes zones de l'Antarctique. En 1929, il réalisa le premier vol au-

UNE VOILE AIDE À TIRER LE TRAÎNEAU

dessus du pôle Sud, en partant de la base Little America (p. 32 et 33).

1935-1936
Lincoln Ellsworth (Etats-Unis) effectua la première traversée de l'Antarctique à bord du monoplan *Northtop* (p. 33).

1946-1947
Opération Highjump
Placés sous les ordres de Richard Byrd et de l'amiral Cruzen, 4 000 militaires

DE L'EXERCICE
POUR UN CHEVAL

américains entreprirent de cartographier l'Antarctique en utilisant la photographie aérienne.

1955-1958
Vivian Fuchs (Royaume-Uni) et Edmund Hillary (Nouvelle-Zélande) dirigèrent l'expédition transantarctique du Commonwealth (Un continent pour la science, p. 36 et 37).

1968-1969
Une expédition japonaise se rendit au pôle Sud, à partir de la base japonaise de Syowa, sur les côtes de la terre d'Enderby, un voyage de plus de 6 000 km.

1979-1982
Ranulph Fiennes et Charles Burton (Royaume-Uni) accomplirent le premier

(et unique) voyage ininterrompu autour du monde, passant tour à tour au pôle Nord et au pôle Sud.

1985-1986
Expédition « Sur les traces de Scott »
Roger Swan, Roger Mear et Gareth Wood entreprirent de refaire le voyage de Scott au pôle Sud. Ils atteignirent la base américaine Amundsen-Scott, au pôle, le 11 janvier 1986.

1989-1990
Will Steger (Etats-Unis) et Jean-Louis Etienne (France) traversèrent la partie la plus large du continent antarctique, soit une distance de 6 450 km, à la tête d'une expédition de six hommes.

1992-1993
Erling Kagge (Norvège) atteignit le pôle Sud en solitaire, en remorquant son traîneau, sans oxygène ni soutien terrestre.

1992-1993
Ranulph Fiennes et Mike Stroud (Royaume-Uni) parcoururent une distance

AU PÔLE SUD EN
COMPAGNIE DES CHIENS

de 2 173 km en tractant leurs traîneaux. Ce fut la première traversée de l'Antarctique sans soutien technique.

1994
Liv Arnesen (Norvège) fut la première femme à atteindre le pôle Sud en solitaire, et à skis (p.41).

1996-1997
Marek Kaminski (Pologne) se rendit à pied au pôle Nord et au pôle Sud en l'espace d'une année.

PEARY 1905-1909
AMUNDSEN 1911
SCOTT 1912
MAWSON 1913
AMUNDSEN, ELLSWORTH, ET NOBILE 1926
FUCHS/HILLARY 1957-1958
FIENNES/STROUD 1992-1993
ETIENNE/STEGER 1989
FIENNES/BURTON 1979
WALLY HERBERT 1968-1969
THAYER 1988
KAMINSKI 1996
ARNESEN 1994
KAGGE 1993
BYRD 1928-1929

| 1920 | 1930 | 1940 | 1950 | 1960 | 1970 | 1980 | 1990 |

SHACKLETON 1914-1916
ELLSWORTH 1935
UEMURA 1978

Index

Remerciements et crédits

L'éditeur tient à remercier : Robert Graham, Chris Bernstein, Venice Shone et Peter Radcliffe, Philippa Smith du Scott Polar Research Institute et British Antarctic Survey.

L'éditeur remercie aussi les personnes suivantes pour leur aimable autorisation à reproduire leurs photographies et documents :

(h=haut; b=bas; m=milieu; g=gauche; d=droite)

AKG, London: 33md/bd; **Brian and Cherry Alexander Photography**: 17md, 39m, 44/45h; Ann Hawthorne 12bg, 41md/bm; 42hd, 43hd; Hans Reinhard 11mgh; **Archive Photos**: 38mgh; **Barnaby's Picture Library**: PMR Rothman 45md; **British Antarctic Survey**: C.J.Gilbert 45bg; B.Herrod 45md (below); Ash Johnson 37hd; A.King 43hg; Robert Mulvaney 45bm; J.Pickup 45md; **The Beinecke Rare Book & Manuscript Library/Yale University**: 10mg (below); **The Bridgeman Art Library**: British Library: 9bg; British Museum: John White 8bm; National Maritime Museum: John Harrison 11hm; Royal Geographical Society: Critical Position of H.M.S Investigator on the North Coast of Baring Island, Lieu.S.Gurney Cresswell (published 1854) 6/7b; **Christie's Images**: 15hd; **Bruce Coleman**: Mr Johnny Johnson 10m; **Corbis**: 11bm, 22hg, 33mg (below); **Mary Evans Picture Library**: 23bd; **ET Archive**:

8mg, 11hd; **Robert Harding Picture Library**: National Maritime Museum 11md; Motoway 40m; **Hedgehog House, New Zealand**: Tim Higham 34/35m; Colin Monteath 24mdh, 39hg, 40hg, 45mgh; **Hulton Getty Images**: 20/21b, 32hg; **Katz Pictures Limited**: Mansell/Time Inc. 27bd; **The Mawson Antarctic Collection/The University of Adelaide**: 26bm, 27hd/bg/bm; **Mittet Foto**: 16bg, 32bg, 33hd; **National Maritime Museum**: 23hm, 25mgb; **Planet Earth Pictures**: B & C Alexander 23hd; Jonathan Scott 10bm; **The Royal Botanic Gardens, Kew**: 11bd; **The Royal Geographical Society Picture Library**: 9mb, 14bd, 36bg, 37bm; Ranulph Fiennes 41mgh/hg/m; Martha Holmes 9mgh; **Scott Polar Research Institute**: 19mdh/mdb/bd, 25bd, 28hg, 30hg, 31bd; **Sygma**: 40bg; Stephana Compoint 39bd; **Topham**

Picturepoint: 9mdh; **TRH Pictures**: US Navy 38b; **University of Alberta / Department of Anthropology**: Owen Beattie 14bm; **University of Oslo Library Picture Department**: 17bd Jacket: **National Maritime Museum**: front cover m/mg (below)/bg, inside front hg, inside back hd

Roald Amundsen, *My Life as an explorer* (William Heinemann, London, 1927); Sir Vivian Fuchs, *The Crossing of Antarctica*, (Cassell, London, 1958); Wally Herbert, *Across the Top of the World*, ©Wally Herbert (Penguin, 1969); Sir Douglas Mawson, *The Home of the Blizzard* (William Heinemann, London, 1915); Robert Peary, *The North Pole* (London, 1910); Robert F. Scott, final diaries and letters (SPRI) */Scott's Last Expedition* (London, 1913); Ernest Shackleton, *South* (William Heinemann, London, 1919).